D1720002

Lars Schwettmann

Heimatüberweisungen ausländischer Haushalte

Theoretische Erklärungsansätze und einige
empirische Befunde aus Deutschland

Diplomica® Verlag GmbH

Schwettmann, Lars: Heimatüberweisungen ausländischer Haushalte: Theoretische Erklärungsansätze und einige empirische Befunde aus Deutschland, Hamburg, Diplomica Verlag GmbH 2012

ISBN: 978-3-8428-9034-3
Druck: Diplomica® Verlag GmbH, Hamburg, 2012

Bibliografische Information der Deutschen Nationalbibliothek:
Die Deutsche Nationalbibliothek verzeichnet diese Publikation in der Deutschen Nationalbibliografie; detaillierte bibliografische Daten sind im Internet über http://dnb.d-nb.de abrufbar.

Die digitale Ausgabe (eBook-Ausgabe) dieses Titels trägt die ISBN 978-3-8428-4034-8 und kann über den Handel oder den Verlag bezogen werden.

Inhaltsverzeichnis

Abkürzungsverzeichnis

BIP ....Bruttoinlandsprodukt

bzw. ....beziehungsweise

ca. ....circa

EU ....Europäische Union

Hrsg. ....Herausgeber

IMF ....International Monetary Fund

Kap. ....Kapitel

LRS ....Likelihood Ratio Statistic

Mill. ....Millionen

ML ....Maximum Likelihood

Mrd. ....Milliarden

OLS ....Ordinary Least Squares

S. ....Seite

SOEP ....Sozioökonomisches Panel

US ....United States

USA ....United States of America

vgl. ....vergleiche

Abbildungsverzeichnis

Tabellenverzeichnis

1. Einleitung

Im Zusammenhang mit nationalen und internationalen Migrationsbewegungen lassen sich sehr häufig Transferzahlungen der ausgewanderten Personen an ihre Familien in der Heimat beobachten. Diese ‚Rimessen' sind nicht nur für die einzelnen Empfängerhaushalte, sondern auf makroökonomischer Ebene auch für die Regionen oder Länder teilweise von enormer Bedeutung. Die Entscheidung zur Heimatüberweisung wird aber durch den Migranten[1] bzw. durch den ausländischen Haushalt im Gastland getroffen und ist somit ein mikroökonomisches Phänomen. Dabei sind die unterschiedlichen beobachtbaren Verhaltensmuster bisher weit davon entfernt, vollständig erklärbar und vorhersagbar zu sein. So stellt sich etwa die Frage, warum manche Haushalte mehr überweisen als andere. Woran liegt es, dass einige Immigranten über einen längeren Zeitraum Beträge in ihre Heimat transferieren als andere dies tun? Ferner ist unklar, weshalb überhaupt einige Migranten Geld in ihre Heimat überweisen, während dies für andere Auswanderer nicht festgestellt werden kann. Vor allem die empirische Literatur hat bislang wenige gesicherte Antworten auf diese Fragestellungen gefunden, so dass die in der theoretischen Literatur identifizierten Motive für Rimessenzahlungen nur unzureichend überprüft sind. Vor allem im Rahmen der hier betrachteten internationalen Migration liegen bisher kaum Erkenntnisse vor. Die vorliegende Studie untersucht anhand von Paneldaten aus Deutschland einige, aus theoretischen Modellen abgeleitete Hypothesen zu dem Einfluss verschiedener Größen auf die Überweisungsentscheidung und ergänzt somit die empirischen Analysen.

Die Heimattransfers stellen häufig sowohl im Sender- als auch im Empfängerland bedeutende Kapitalbewegungen dar. Während in Europa in den 1990er Jahren der Umfang dieser monetären Ströme zurückging, ist insbesondere aufgrund Osterweiterung der EU und dem bestehenden Migrationspotenzial in den Beitrittsstaaten mit einem erneuten Anstieg der Heimatüberweisungen zu rechnen.[2] Daher ist das Wissen über die bestimmenden Einflussgrößen auf diese Zahlungen unabdingbar, wenn derart große Kapitalströme nicht unkontrolliert fließen sollen. Zur weiteren Motivation der Fragestellung wird in Kapitel 2 auf das bisherige Ausmaß und die Konsequenzen der Heimatüberweisungen für die beteiligten Staaten eingegangen.

---

[1] Die männliche Form wird in diesem Text allein aus Gründen der besseren Lesbarkeit gewählt und sollte nicht als Diskriminierung des weiblichen Geschlechts missverstanden werden. Anmerkung des Verfassers.
[2] So schätzen etwa Sinn et al. (2001), dass in den ersten 15 Jahren nach der Öffnung der Arbeitsmärkte in der EU zwischen 2,5 Mill. und 3,3 Mill. Menschen zusätzlich allein nach Deutschland einwandern werden. Hier ist zu bemerken, dass die vorliegende Arbeit 2002 entstanden ist.

Seit den einflussreichen Arbeiten von Stark und Levhari (1982) sowie Stark und Bloom (1985) werden Rimessenzahlungen in die Ansätze der Migrationstheorie integriert. Die theoretische Literatur zur Erklärung von Heimattransfers ist seitdem permanent gewachsen und beinhaltet heute eine ganze Reihe von Modellen, aus denen heraus Hypothesen bezüglich der Relevanz und Richtung verschiedener Einflussgrößen abgeleitet werden. Die wesentlichen Aussagen dieser Ansätze stellt Kapitel 3 vor.

Einige dieser Hypothesen lassen sich mit Hilfe des zur Verfügung stehenden Datensatzes empirisch überprüfen. Hierzu wird in der Regel eine Rimessenfunktion definiert, in welcher die vermutlich relevanten Faktoren als Argumente enthalten sind. In Kapitel 4 wird unter Berücksichtigung der Einschränkungen durch die verfügbaren Daten eine solche Funktion aufgestellt. Des Weiteren werden zwei statistische Schätzmethoden erläutert. Während die Verwendung eines Tobit-Modells die gleichgerichtete Einflussnahme aller relevanten Variablen sowohl auf die Überweisungswahrscheinlichkeit als auch deren Höhe voraussetzt, entfällt diese starke Restriktion bei der Verwendung eines zweistufigen Ansatzes.

Die Ergebnisse beider Methoden werden anschließend im 5. Kapitel vorgestellt und interpretiert. Dabei werden wichtige Differenzen sichtbar.

Das 6. Kapitel schließt die Studie mit einer Zusammenfassung der wesentlichen Ergebnisse und einigen Empfehlungen für zukünftige Arbeiten zur behandelten Fragestellung ab.

2. Motivation der Analyse von Rimessen

In diesem Kapitel wird der Frage nachgegangen, welche Gründe eine Analyse der Heimat-überweisungen motivieren. Häufig wird in der Literatur argumentiert und gezeigt, dass allein der Umfang dieser Transfers sowohl in absoluten Zahlen als auch in relativen Größen eine detaillierte Betrachtung rechtfertigt. Der erste Abschnitt enthält daher eine Darstellung aggre-gierter Daten. Zusätzlich wird aber auch auf die Probleme bei der Ermittlung dieser Werte eingegangen, welche sie für eine analytische Verwendung ungeeignet erscheinen lassen und somit disaggregierte Daten erforderlich machen. Anschließend wird im zweiten Abschnitt des Kapitels auf die theoretische und praktische Notwendigkeit eines besseren Verständnisses der zugrunde liegenden Entscheidungen im Rahmen der Heimattransfers eingegangen.

2.1 Erfassung und Umfang der Heimatüberweisungen

Die im ersten Kapitel synonym verwendeten Begriffe von Rücküberweisungen, Transferzah-lungen oder Heimatüberweisungen beziehen sich allesamt auf Geldbeträge, welche von Im-migranten in ihr jeweiliges Heimatland übertragen werden. Dem in der angelsächsischen Lite-ratur gebräuchlichen Begriff der ‚remittance', welche sich in etwa als ‚monetäre Übertragung an eine andere Person' übersetzen lässt, entspricht im Deutschen am ehesten die Bezeichnung ‚Rimesse', wie sie zum Beispiel von der Deutschen Bundesbank (1974) verwendet wird. In diesem Zusammenhang werden die Ursprungsländer der Wanderungsbewegung als Exporteu-re des ‚Faktors Arbeit' betrachtet, so dass die Rücküberweisungen als ein wesentlicher Teil der Bezahlung für diesen Export aufzufassen sind.

Eine häufig zu findende Darstellung der Bedeutung dieser Geldtransfers für die internationale Wirtschaft erfolgt mit Hilfe absoluter Zahlungsströme sowie deren Variation im Zeitablauf. Allein die offiziell registrierten Heimatüberweisungen im Jahre 2000 werden von der Welt-bank auf weltweit über 75 Mrd. US-Dollar geschätzt (Yusuf, 2001), während dieser Wert 1970 noch unter 2 Mrd. US-Dollar lag. Mit Hilfe derart aggregierter Daten lassen sich vor allem allgemeine zeitliche und regionale Entwicklungstendenzen feststellen.

Die Veröffentlichungen des Internationalen Währungsfonds (IMF) stellen hierbei sehr häufig zitierte Quellen dar. Diese beinhalten unter anderem eine Aufstellung der Heimatüberweisun-gen, so genannte ‚workers' remittances', derjenigen Arbeitnehmer, welche sich mehr als 12 Monate im Ausland aufhalten. So zeigt sich, dass im Jahre 2000 die 5 wichtigsten Senderstaa-ten, die USA, Saudi Arabien, Deutschland, Frankreich und Japan, über 70 Prozent aller ge-leisteten Zahlungen bereitstellten, während auf der anderen Seite Indien, Mexiko, die Türkei,

Spanien und Portugal immerhin fast 43 Prozent dieser Beträge empfingen.[3] Weltweit ist der Umfang der Heimattransfers in den vergangenen 10 Jahren in etwa gleich geblieben, wie auch indirekt aus Tabelle 1a im Anhang ersichtlich wird. Der Anstieg der Transferbeträge lag bei ca. 3 Prozent und lässt sich somit durch das globale Wirtschaftswachstum erklären. Dabei profitieren im Wesentlichen die Entwicklungsländer von diesen Zahlungen, doch ist auch für andere Staaten die Gesamthöhe der Rimessen betragsmäßig weiterhin erheblich.[4] Am Beispiel Deutschlands wird allerdings deutlich, dass derartige Überweisungen enormen Schwankungen unterliegen können. Unter anderem aus dieser ersten Feststellung und dem Umfang der Zahlungen ergibt sich bereits die Notwendigkeit eines besseren Verständnisses der Transferentscheidungen.

Aussagekräftiger als die absoluten Beträge sind jedoch die Anteile der Heimatüberweisungen an volkswirtschaftlichen Schlüsselvariablen. Die Tabelle 1b im Anhang beinhaltet für die Heimatländer der größten ausländischen Bevölkerungsgruppen in Deutschland das Verhältnis von empfangenen Heimatüberweisungen und dem Wert der exportierten Güter und Dienstleistungen. Damit wird auf den relativen Beitrag der Rimessen zum Devisenzufluss und somit auf die Stellung des ‚Exportgutes Arbeit' abgestellt.[5] Aus den Daten ist die unterschiedliche Bedeutung der Transfers für die Empfängerstaaten erkennbar. So haben beispielsweise die Zahlungen für Italien kaum Gewicht; Italien ist in den vergangenen Jahren sogar zu einem Netto-Zahler von Rimessen geworden. Für die Türkei hingegen ist die Bedeutung weiterhin relativ hoch, reicht aber bei Weitem nicht an die Werte der 1970er Jahre heran. So machte der Anteil der Rimessen im Jahre 1975 etwa 94 Prozent der Exporte der Türkei aus.[6]

Hingegen gibt das Verhältnis der *geleisteten* Transfers zu der Summe von importierten Gütern und Dienstleistungen einen Einblick in die Stellung des ‚Importgutes Arbeit'. Dessen Bedeutung hat sich für Deutschland in den vergangenen 10 Jahren reduziert und liegt nun in etwa auf dem Niveau der anderen Industriestaaten. Dennoch ist, wie eingangs bereits angedeutet, in der Zukunft möglicherweise auch in Europa mit einem erneuten Anwachsen der Beträge zu rechnen. Der hohe Wert für die Entwicklungsländer resultiert vornehmlich aus dem enormen Zuzug von Arbeitskräften in die Öl-exportierenden Staaten der Arabischen Halbinsel.

---

[3] Vgl. IMF (2001).

[4] Die unterschiedlichen Gesamtsummen der empfangenen und geleisteten Rimessen resultieren aus Problemen bei der Erfassung dieser Transfers, auf die weiter unten gesondert eingegangen wird.

[5] Diese Form der Darstellung trägt in gewisser Weise auch der Forderungen von Straubhaar (1986) nach Deflationierung der Daten und Berücksichtigung von Wechselkursänderungen gegenüber dem US-Dollar Rechnung.

[6] Vgl. Russell (1986).

Obwohl anhand aggregierter Daten ein Einblick in den Umfang und die Relevanz der Rück-überweisungen möglich ist, lassen sich einige schwerwiegende Bedenken gegen die tiefer gehende Analyse dieser Werte formulieren. So sind Daten zu diesen Bilanzpositionen für eine Reihe von Entwicklungsländern nicht vollständig verfügbar, bestehen keine einheitlichen internationalen Regelungen der Zuordnung von Transfers zu verschiedenen Bilanzpositionen[7] und existieren ferner in den einzelnen Ländern unterschiedliche Meldevorschriften für Auslandsüberweisungen.[8] Außerdem umfasst, wie bereits oben erwähnt, die von vielen Texten wegen ihrer eindeutigen Zuordnung ausschließlich analysierte IMF-Bilanzposition ,workers' remittances' lediglich Transfers solcher Erwerbspersonen, welche sich länger als 12 Monate im Ausland aufhalten. Theoretische Modelle kennen eine Fristenunterscheidung bei der Wanderung von Arbeitskräften jedoch nicht.[9]

Die vielleicht größte Unsicherheit bezüglich der Verwendung aggregierter Daten resultiert aber aus dem Umfang der offiziell nicht erfassten bzw. nicht erfassbaren Transferzahlungen.[10]

Generell beinhalten die veröffentlichten Zahlen also Fehler in unbekannter Höhe.[11] Der Umfang dieser Ungenauigkeiten variiert zudem, wie Clark und Drinkwater (2001) bemerken, zwischen verschiedenen Ländern. Mahler (2000, S. 30) stellt daher zusammenfassend fest: „All of these factors produce remittance estimates that are just that – estimates – and should be treated as such." Es besteht demnach kein begründeter Zusammenhang zwischen der Entwicklung aggregierter Überweisungsbeträge und individueller Transferentscheidungen. Es gilt jedoch zu beachten, dass die hier zu analysierenden Einflussfaktoren sehr wohl makro- als auch mikroökonomischen Ursprungs sein können.

---

[7] So gibt es etwa in den Veröffentlichungen des IMF zur Bilanzposition ,Workers' remittances' keine Angaben für Australien, Großbritannien oder Kanada. Dort werden diese Posten unter der Position ,Privattransfers' zusammengefasst.

[8] Vgl. etwa Russell (1986), die, basierend auf der grundlegenden Arbeit von Swamy (1981), die hier genannten Probleme sehr detailliert darstellt.

[9] Rimessen sollten auch Heimatüberweisungen von ausländischen Arbeitskräften mit kürzerer Aufenthaltsdauer, welche laut IMF (1977) unter der Position ,compensation of employees' verbucht werden, sowie beim Umzug übertragene Vermögensgegenstände (,migrant transfers') enthalten. Swamy (1981) summiert in ihrem Bericht für die Weltbank gemäß deren Richtlinien diese 3 IMF-Bilanzpositionen.

[10] Vgl. etwa Straubhaar (1983) oder Russell (1986) für eine umfassende Darstellung dieser Probleme. Russell berichtet unter anderem von einem kuriosen Beispiel aus West-Samoa, wo anscheinend viele Auswanderer ihr Geld deshalb im Gepäck zurückbringen, da von Heimkehrern nicht unerhebliche Geldgeschenke erwartet und ferner die Namen offiziell registrierter Empfänger per Radio bekannt gegeben werden.

[11] Brown (1997) stellt beispielsweise fest, dass diese Messfehler für Tonga und West-Samoa vermutlich zwischen 25 und 60 Prozent liegen.

Trotz der genannten Probleme liefert der im vorangegangenen Abschnitt dargestellte Umfang der Zahlungsströme bereits ein erstes Argument für die Analyse der Transferentscheidungen. Der zweite Teil dieses Kapitels stellt einige weitere Motive vor.

2.2 Zur makro- und mikroökonomischen Relevanz von Rimessen

Allein schon der Umfang der Heimatüberweisungen, wie er soeben dargestellt wurde, sollte laut Stark (1995) ein ökonomisches Interesse am Zustandekommen der Transfers begründen. Ferner ist die Politik auf ein detailliertes Wissen über die Motive und Bestimmungsgrößen der Rimessenzahlungen angewiesen, sofern sie die mitunter enormen gesamtwirtschaftlichen Effekte in irgendeiner Weise steuern möchte.

Aus makroökonomischer Sicht sind hierbei sicherlich die in den Tabellen 1a und 1b dargestellten Devisenzu- oder -abflüsse, die damit entsprechend verbundenen Reduzierungen oder Erhöhungen eventuell vorliegender Zahlungsbilanzdefizite und die Auswirkungen auf die Wechselkurse der jeweils betroffenen Volkswirtschaften von entscheidender Bedeutung. Anders als etwa Direktinvestitionen, Projekte der Entwicklungshilfe oder internationale Kredite, sind solche Zahlungsströme weder zweckgebunden noch besteht eine Zins- und Tilgungsverpflichtung. Des Weiteren kommt es einerseits durch die Überweisungen im Heimatland zu einem erhöhten Konsum- und Sparpotenzial, welches dem Gastland auf der anderen Seite jedoch verloren geht. In der sehr umfangreichen Literatur zu den Auswirkungen der Überweisungen steht das Heimatland des Migranten häufig im Mittelpunkt der Betrachtung. In der Tat sind die Zahlungsströme für diese Staaten relativ gesehen größer, wie bereits in Kapitel 2.1 gezeigt wurde. Die Folgen der beschriebenen Veränderungen sind jedoch für das betroffene Land nicht ausschließlich positiv, wie etwa Russell (1986) durch die Zusammenfassung verschiedener, in der Literatur genannter Erlöse und Kosten der Rimessen veranschaulicht. So führt beispielsweise die allein konsumtive Verwendung zu höheren Preisen und Löhnen. Darüber hinaus kann das zusätzliche Nettoeinkommen andere Einkommensarten verdrängen und die Abhängigkeit der Empfänger erhöhen.[12]

Weiterhin erklärt und überprüft z.B. Straubhaar (1985) die Wirkungen auf die Zahlungsbilanz, welche in den von ihm untersuchten Fällen insgesamt deutlich positiv waren. Stark, Taylor und Yitzhaki (1986) hingegen untersuchen die Auswirkungen auf die Einkommensverteilung, kommen dabei aber nicht zu eindeutigen Ergebnissen. Somit erscheint ein staatliches

---

[12] Clark und Drinkwater (2001) nennen eine ganze Reihe weiterer Quellen zu den verschiedenen Effekten im Heimatland.

Eingreifen zur Vermeidung möglicherweise negativer Effekte in den Empfängerstaaten, wie es von Russell (1986) für verschiedene Situationen vorgeschlagen wird, als durchaus sinnvoll zu sein.

Bezüglich der Auswirkungen in den Senderstaaten ist der Umfang der Literatur vergleichsweise gering. Glytsos (1997) stellt einige Bedingungen und Konsequenzen der Heimatüberweisungen für das Gastland denen des Heimatlandes gegenüber und zeigt, dass die Effekte dann größer sind, wenn die Migrationsentscheidung zeitlich befristet ist.

Im Gastland bedeuten die Transferzahlungen einen gesamtwirtschaftlichen Einkommensverlust und damit einen Rückgang von Konsum und Sparen. Allerdings wird der relative Zahlungsbilanzeffekt insgesamt, verglichen mit den Heimatländern der Immigranten, sehr viel geringer ausfallen. Trotzdem besteht die Möglichkeit, dass es durch den Geldtransfer zu einer Schwächung der heimischen Währung gegenüber den Währungen der Empfängerstaaten der Zahlungen kommt. Positiv wirken sich andererseits zum Beispiel die nicht allein wirtschaftlich engeren Beziehungen zu den Heimatländern der Migranten aus. Insgesamt fehlt allerdings bisher, wohl aufgrund von Abgrenzungsproblemen einzelner Einflüsse, eine empirische Überprüfung dieser überwiegend negativen Auswirkungen. Will die Politik dennoch steuernd auf das Transferverhalten einwirken, so ist wiederum ein genaues Wissen um die relevanten Einflussgrößen unabdingbar.

Neben den hier genannten, eher makroökonomischen Motiven für eine Analyse der Heimatüberweisungen lassen sich zwei weitere Argumente anführen. Typischerweise ist es sehr schwierig, empirische Aussagen vor allem über Transferzahlungen zwischen Familienmitgliedern zu treffen. Rimessen stellen eine solche Möglichkeit dar und erlauben damit einen besseren Einblick in intrafamiliäre Beziehungen einschließlich des viel beachteten Austausches zwischen Generationen. Zusätzlich leistet die Analyse des Transferverhaltens einen wichtigen Beitrag zum besseren Verständnis so genannter ‚nonmarket exchanges‘, welche in zunehmendem Maße von Interesse sind.[13]

Die genannten Argumente werden in der Literatur zur Begründung der Notwendigkeit einer Identifizierung relevanter Einflussfaktoren auf die Entscheidung zur Rücküberweisung sowie auf deren Höhe angeführt. Aufgrund der in Kapitel 2.1 dargestellten Defizite aggregierter Daten sollte hierbei allerdings das Transferverhalten des einzelnen Migranten bzw. Haushalts betrachtet werden, während mögliche Einflussfaktoren selbstverständlich sowohl makro- als

---

[13] Vgl. für einige weitere Ausführungen zu den letzten zwei Argumenten Stark (1995).

auch mikroökonomischen Ursprungs sein können. Hierbei weist allerdings bereits Russell (1986) auf die hervorgehobene Bedeutung sozioökonomischer Einflüsse gegenüber makroökonomischen Variablen hin. Dennoch wächst auch 15 Jahre später der Umfang entsprechender Studien nur langsam, was sich vor allem mit Schwierigkeiten bei der Erhebung entsprechender Daten erklären lässt.

Das folgende Kapitel stellt die wesentlichen theoretischen Erklärungsansätze zur Überweisungsentscheidung ausführlich vor und leitet daraus jeweils empirisch überprüfbare Hypothesen ab.

3. Theoretische Erklärungsansätze

Bereits einleitend wurde der enge Zusammenhang zwischen Wanderungsbewegungen und Heimatüberweisungen erwähnt. Aktuellere Migrationstheorien beinhalten deshalb neben Erklärungsansätzen zur Auswanderungsentscheidung auch Begründungen für Transferzahlungen. Dabei unterscheiden theoretische Modelle kaum zwischen der nationalen und internationalen Migration, während aus empirischer Sicht eine Trennung zwischen diesen Ausprägungen notwendig erscheint.[14]

Ausgehend von verschiedenen Migrationstheorien, werden in diesem Kapitel wesentliche Modelle zur Erklärung von Heimattransfers und ihre jeweiligen Hypothesen bezüglich der Bestimmungsfaktoren sowie deren Einfluss auf die Überweisungsentscheidung dargestellt.

Nach einer knappen theoretischen Einführung in die Migrationsökonomik wird im zweiten Abschnitt ein einfaches und häufig verwendetes Modell aus dem allgemeinen Ansatz der Transferökonomik vorgestellt. Die sich diametral gegenüber stehenden Motive aus dem Altruismus und der Verfolgung von Eigeninteressen werden in der Literatur als übergeordnete Beweggründe identifiziert und lassen sich anhand dieses Modells formal darstellen. Darauf aufbauend werden im dritten Abschnitt wesentliche Erklärungsansätze vorgestellt. Eine einheitliche und systematische Präsentation der verschiedenen Modelle findet sich hierzu allerdings in der Literatur kaum. So stellt etwa Brown (1997) verschiedene Ansätze scheinbar zusammenhangslos gegenüber, während Clark und Drinkwater (2001) zwar ausgewählte Modelle aufgrund übergeordneter Gesichtspunkte gemeinsam erklären, diese dabei jedoch stark verkürzt darstellen. Der überwiegende Teil aktuellerer Theorien stützt sich allerdings jeweils auf Teilaspekte der Arbeit von Lucas und Stark (1985), welche somit hier als Ausgangspunkt der Darstellung dient.

3.1 Internationale Migration und Transferzahlungen

Ökonomische Erklärungsansätze der Migrationsentscheidung reichen zurück bis zu Ravensteins (1889) 6. Gesetz, nach dem Individuen auswandern, um die eigene Situation zu verbessern.[15] Neoklassische Theorien der Migration formalisieren diese Annahme durch die Postu-

---

[14] Obwohl er auf die internationale Migration eingeht, betont Poirine (1997) die prinzipielle Anwendbarkeit seines ‚impliziten Familienkredits' auch auf nationale Migrationsentscheidungen. Auf der anderen Seite unterscheiden Clark und Drinkwater (2001) empirische Untersuchungen gerade hinsichtlich dieser beiden Migrationsausprägungen.

[15] Einen sehr umfassenden Überblick verschiedener Migrationstheorien geben zum Beispiel Massey et al. (1993) oder Cohen (1996), deren Darstellungen hier teilweise gefolgt wird.

lierung eines individuellen Nutzenmaximierungskalküls als Grundlage der Entscheidung. Hierbei gelten aktuelle und erwartete Lohndifferenzen zwischen Gast- und Heimatland als das wesentliche Wanderungsmotiv. Die Unterschiede sind gewöhnlich auf internationaler Ebene sehr viel größer als innerhalb eines Landes und stellen somit vor allem für die hier betrachtete internationale Migration einen starken Einflussfaktor dar. Die formalen Ursprünge dieser Idee gehen auf das makroökonomische 2-Sektoren-Modell von Harris und Todaro (1970) zurück, in dem zusätzlich die Wahrscheinlichkeit von Arbeitslosigkeit als Gewichtungsfaktor eingeht.

Ebenfalls dem individualistischen Ansatz sind die auf der Arbeit von Becker (1962) beruhenden Modelle zum Humankapital zuzuordnen, welche Migration als persönliche Investmententscheidung betrachten. Damit bestimmen individuelle Variablen, wie etwa das Alter, die Erfahrung oder Bildung, den Wert des Humankapitals in den betrachteten Ländern und somit auch die Entscheidung über den Wohn- und Arbeitsort.

Von Vertretern der Neuen Migrationsökonomik, welche vor allem durch die grundlegenden Arbeiten von Stark und Levhari (1982) und Stark und Bloom (1985) begründet wurde, steht jedoch die Bedeutung der Familie bzw. des Haushalts und deren Einflussnahme auf den Migranten im Mittelpunkt der Betrachtung. Stark (1991a, S. 4-6) fasst die Ursachen dieser neuen Ausrichtung in einer dreifachen Begründung zusammen.

Erstens stellt sich die Migrationsentscheidung als wechselseitige Interaktion zwischen mehreren Individuen dar. Durch die Annahme von Vereinbarungen über den Austausch bestimmter Leistungen, beispielsweise die Ausbildungsunterstützung durch die Familie oder die Rücküberweisungen des Migranten, werden diese beobachtbaren Phänomene im Modell selbst integriert, statt sie wie zuvor als separat erklärbare Nebenprodukte der Auswanderung zu betrachten.

Zweitens lässt sich in der Realität beobachten, dass Lohndifferenzen nicht zwingend für eine Migrationsentscheidung vorliegen müssen. Daraus folgt jedoch, dass andere, vorher nicht berücksichtigte Bestimmungsgrößen einen signifikanten Einfluss haben.

Drittens lassen sich umfangreiche Wanderungsbewegungen vor allem durch Unvollkommenheiten auf den heimischen Arbeits-, Kredit- oder Versicherungsmärkten erklären. So kann es beispielsweise der Familie aufgrund der Emigration eines Teils ihrer Mitglieder gelingen, das Gesamteinkommensrisiko, welches etwa aufgrund wirtschaftlicher oder sozialer Unsicherheiten im Heimatland besteht, durch die Verteilung auf verschiedene Arbeitsmarktsegmente oder eine größere geographische Diversifikation zu reduzieren. Stark (1991b) formuliert diese Idee in einem Portfolio-Ansatz der Familienentscheidung.

Aus den beschriebenen Überlegungen resultiert die Annahme einer gemeinsamen Nutzenmaximierung der gesamten Gruppe, innerhalb derer gemäß Stark und Bloom (1985) die Kosten und Erlöse der Auswanderung aufgeteilt werden. Diese Verteilung beruht auf expliziten oder impliziten Vereinbarungen zwischen der Gruppe und dem Migranten, deren Zustandekommen Hoddinott (1994) vor allem damit erklärt, dass gegenüber der individuellen Entscheidung eine Verbesserung im Sinne von Pareto ermöglicht wird und gleichzeitig die Durchsetzung einer solchen Vereinbarung im Familienrahmen wesentlich effektiver ist. Vor allem aus der Sicht der Familie im Heimatland ist es sowohl einfacher, das Kreditrisiko abzuschätzen, als auch über sozialen Druck die Einhaltung der eingegangenen Verpflichtungen durch den Migranten zu erzwingen.

Somit sind Rimessen, welche vorher in der theoretischen Literatur gesondert betrachtet wurden, als ein wesentlicher Ertrag für die Familie in der Heimat interpretierbar und dadurch direkt in die Migrationsentscheidung integriert. Obwohl die alleinige Betrachtung von Individuen oder Personengruppen eine starke Vereinfachung des Entscheidungsprozesses darstellt, ist die gemeinsame Erklärung von Migration und Heimatüberweisungen als wichtigster Beitrag der Neuen Migrationsökonomik zu sehen.

Die im Folgenden dargestellten theoretischen Erklärungsansätze zur Transferentscheidung beziehen sich im Wesentlichen auf Überlegungen zur Ausgestaltung und Durchsetzung der angesprochenen Vereinbarungen zwischen dem Migranten und der Familie. Ein kleines Modell aus der Transferökonomik formalisiert dabei die beiden übergeordneten Motive für die Rücküberweisungen, Altruismus und Eigeninteresse.

3.2 Altruismus und Eigeninteresse

Die verschiedenen, in der Literatur existierenden Theorien zur Erklärung von Heimatüberweisungen enthalten sehr häufig Beweggründe, welche sich entweder auf den Altruismus oder aber auf Austauschprozesse von Leistungen zwischen dem Migranten und den Personen in der Heimat und somit auf die Verfolgung von Eigeninteressen zurückführen lassen. Die wesentlichen modelltheoretischen Ansätze kombinieren Elemente beider Motivgruppen. Deren Eigenschaften lassen sich in einem formalen Modell zeigen, welches aus dem allgemeinen Ansatz von Cox (1987) zur Transferökonomik abgeleitet ist. Die hier gewählte Darstellung orientiert sich an den Ausführungen von Clark und Drinkwater (2001).

Der ,reine' Altruismus wird von Lucas und Stark (1985) als eine sehr nahe liegende Begründung vor allem im Rahmen intrafamiliärer Transfers identifiziert. Dabei werden Heimatüberweisungen allein aufgrund der Sorge des Migranten um das Wohlergehen der Familie in der Heimat getätigt. In formalen Ansätzen hierzu ist, basierend auf der grundlegenden Arbeit von Becker (1974), der Nutzen des Migranten sowohl in Abhängigkeit seines eigenen Konsums als auch des Nutzens der Angehörigen darstellbar. In einem stark vereinfachenden Modell ergibt sich daher die entsprechende Nutzenfunktion des Migranten, M, als

$$U_M(c_M, U_H(c_H)),\tag{1}$$

wobei c den jeweiligen Konsum und U_H den Nutzen der Überweisungsempfänger in der Heimat, H, darstellen. Andere mögliche Nutzenquellen bleiben damit unberücksichtigt. Beide Haushalte erreichen durch zusätzlichen Konsum ein höheres Nutzenniveau, was sich durch die Ungleichungen $\partial U_M/\partial c_M \geq 0$ bzw. $\partial U_H/\partial c_H \geq 0$ ausdrücken lässt.[16] Es sei ferner angenommen, dass der Konsum allein aus dem entsprechend verfügbaren Einkommen y finanziert wird, welches zusätzlich um die Höhe der Rimessen R, mit $R \geq 0$, erhöht bzw. verringert wird. Mithin gilt für den Migranten

$$c_M \leq y_M - R\tag{2}$$

und für die Heimatgruppe

$$c_H \leq y_H + R.\tag{3}$$

Daraus ergibt sich für den Auswanderer ein zusätzlicher Nutzengewinn durch eine Erhöhung des Konsums der Familie, welcher gemäß der Ungleichung (3) auch von den Heimatüberweisungen abhängt. Altruistische Einflüsse drücken sich durch den strikt positiven Einfluss des Familiennutzens auf den Nutzen des Migranten, $\partial U_M/\partial U_H > 0$, aus. Weiterhin sei ein quasikonkaver Verlauf der Nutzenfunktion angenommen. Daraus folgt, dass die Ungleichungen (2) und (3) als Gleichungen geschrieben werden können. Aus den bisherigen Annahmen ergibt sich für die Nutzenmaximierung des Überweisungssenders die Bedingung erster Ordnung als

$$\frac{\partial U_M}{\partial R} = -\frac{\partial U_M}{\partial c_M} + \frac{\partial U_M}{\partial U_H}\frac{\partial U_H}{\partial c_H} = 0.\tag{4}$$

---

[16] Der Fall der Sättigung wird in der Literatur in diesem Zusammenhang allerdings nicht betrachtet.

Demnach wählt der Migrant den Überweisungsbetrag R derart, dass der eigene Grenznutzen des Konsums dem Grenznutzen des Empfängers, gewichtet mit dem Faktor $\partial U_M/\partial U_H$, entspricht. Der Verlust von Konsummöglichkeiten wird im Optimalpunkt des Migranten durch den in der Literatur als ‚warm glow' bezeichneten positiven Effekt der Nutzensteigerung für die Familie genau kompensiert.

Aus diesen Überlegungen lassen sich empirisch testbare Hypothesen ableiten. Der Grenznutzen des Konsums für den Migranten ist bei steigendem, einkommensabhängigem Konsum beider Parteien aufgrund der Quasi-Konkavität der Nutzenfunktion positiv aber abnehmend. Daraus folgt bei wachsender Einkommensdifferenz $y_M - y_H$ die Notwendigkeit der Erhöhung des Überweisungsbetrages R, da der Nutzenzuwachs aufgrund der durch die Transferzahlung ausgelösten Einkommenserhöhung in der Heimat den Nutzenverlust durch die Reduzierung des Einkommens im Gastland mehr als ausgleicht. Daher ergibt sich ein Zusammenhang, wie er in der Abbildung 1 im Anhang skizziert ist. Steigt das Einkommen des Migranten bei konstantem Einkommen der Familie, so wird sich auch der Transferbetrag erhöhen, während mit größerem Familieneinkommen in der Heimat die Überweisungssumme abnimmt.[17]

Der Faktor $\partial U_M/\partial U_H$ in Gleichung (4) stellt das Gewicht dar, mit welchem der Nutzen des Heimathaushaltes in die Nutzenfunktion des Migranten eingeht. Ist dieses Gewicht größer, so werden auch die Rimessen entsprechend höher liegen, wie ebenfalls in Abbildung 1 durch unterschiedliche Kurven angedeutet ist. Bereits Edgeworth (1881) erklärt, dass sich der ‚Grad des Altruismus' unter anderem aus der sozialen Nähe des Auswanderers zu seinen Angehörigen bestimmt. Diese Nähe lässt sich indirekt beispielsweise über den Grad des Verwandtschaftsverhältnisses (Clark und Drinkwater, 2001), die Zeit seit der Auswanderung (Poirine, 1997) oder die Zahl der Familienangehörigen in der Heimat (Lucas und Stark, 1985) abschätzen.[18] Der empirische Teil dieser Studie enthält ebenfalls Variablen zur Messung der sozialen Nähe. Ferner erläutert Dasgupta (1993) die Möglichkeit kultureller Unterschiede im Überweisungsverhalten, welche von Merkle und Zimmermann (1992) sowie Clark und Drinkwater (2001) empirisch bestätigt wird.

---

[17] Bhattacharyya (1985) nennt als Extremfall des Altruismus die Maximierung der Rimessen. In dem Fall wird allein der Nutzen der Heimatfamilie betrachtet, während die Höhe der Überweisungen lediglich vom Einkommen des Migranten abhängt. Es ist jedoch fraglich, ob ein solches Verhalten allein durch altruistische Motive erklärt werden kann, oder ob möglicherweise erwartete Gegenleistungen durch Angehörige bei der Rückkehr, wie sie im nächsten Abschnitt behandelt werden, eine größere Rolle spielen.
[18] Lucas und Stark (1985) ergänzen das Modell, indem sie die Nutzenfunktionen der Haushaltsmitglieder in der Heimat mit einem Faktor gewichten und anschließend aufsummieren. Dadurch ermöglichen sie eine unterschiedliche Gewichtung verschiedener Personen.

Trotz einiger wesentlicher Erkenntnisse greift der Altruismus als alleiniges Motiv für die Transferentscheidung allerdings zu kurz. Lucas und Stark (1985) bemängeln etwa, dass weder die Entscheidung zum Transfer selbst noch unterschiedliche Beträge und deren Entwicklung im Zeitablauf vollständig erklärbar sind. Neue Begründungsmöglichkeiten ergeben sich daher aus der gegensätzlichen Annahme einer alleinigen Verfolgung von Eigeninteressen durch den Migranten. Rimessen sind dabei als Zahlungen für eine bereits erfolgte oder erwartete Leistung durch die Überweisungsempfänger interpretierbar. Dabei kann es sich, wie in Abschnitt 3.3 näher erläutert wird, zum Beispiel um die Möglichkeit des Erbens, die Vermögensverwaltung durch die Familie in der Heimat oder die bereits erfolgte Unterstützung bei der Ausbildung und dem Umzug des Migranten handeln. Für die Ausbildungshilfe gilt es zu beachten, dass es sich hierbei nicht nur um Zahlungen an die Bildungseinrichtungen handelt, sondern vielmehr auch sonstige finanzielle Unterstützungen und der Verzicht auf den Beitrag des Kindes zum gesamten Einkommen der Familie gemeint sind.

Diese vorgenannten Ansätze bedeuten im Vergleich zu der alleinigen Konzentration auf altruistische Motive eine wesentliche Weiterentwicklung, da nun zusätzlich mit der Entscheidung zur Bereitstellung dieser Leistungen eine Erklärung des Verhaltens der Familie im Heimatland möglich ist. Es ist wichtig zu bemerken, dass einige dieser Handlungen bereits in der Vergangenheit liegen und somit deren Bezahlung nachträglich erfolgt, während andere Leistungen zukünftig erwartet werden. Um die formale Darstellung möglichst einfach zu halten, sei jeweils eine Auf- bzw. Abdiskontierung des Wertes der Leistungen auf den Überweisungszeitpunkt angenommen.

Eine weitere Überlegung ergibt sich hinsichtlich der Frage der Durchsetzung einer derartigen Austauschvereinbarung. Die Heimatfamilie kann dann von einer Erfüllung der Vereinbarung durch den Migranten ausgehen, wenn die Leistungen durch die Familie in der Zukunft liegen. Dies ist allerdings beispielsweise bei der Rückzahlung eines Ausbildungskredits nicht der Fall, so dass in diesen Fällen auch aus empirischer Sicht eine geringere Zahlungsbereitschaft des Migranten möglich ist.

In der formalen Darstellung wird die Existenz einer derartigen Leistung, L, durch die Familie in der Heimat nicht explizit erklärt sondern als gegeben angenommen. Die Nutzenfunktionen werden um dieses Argument ergänzt, so dass sich für den Migranten die Funktion

$$U_M(c_M, L, U_H(c_H, L)), \tag{5}$$

mit $L \geq 0$ ergibt, wobei der Konsum c wiederum die Ungleichungen (2) und (3) erfüllt. Die zusätzlichen Leistungen sind für den entsprechenden Empfänger positiv, $\partial U_M/\partial L > 0$, während sie in der Heimat einen Nutzenverlust, darstellbar als $\partial U_H/\partial L < 0$, zur Folge haben. Da hier zuerst das ‚reine' Eigeninteresse untersucht wird, ist als weitere Annahme die Unabhängigkeit der Situation des Migranten vom Nutzen der Familie zu formulieren. Es gilt demnach $\partial U_M/\partial U_H = 0$.

Die sich ergebende Konstellation kann nun als Verhandlung zwischen den beiden Parteien über den Umfang der Leistungen und Rimessen interpretiert werden. Abbildung 2 im Anhang stellt als Beispiel hierfür eine Situation dar, welche einer derartigen Verhandlungslösung entspricht. Dabei sind die ‚Rimessen' und ‚ausgetauschten Leistungen' die Entscheidungsvariablen. Die Tangentialpunkte der jeweiligen Indifferenzkurven ergeben eine Kontraktlinie, auf der alle Lösungen liegen.

Diese Verhandlungslösung kommt jedoch nur bei Erfüllung einer Teilnahmebedingung zustande, welche beiden Seiten im Vergleich zur Nicht-Teilnahme einen Vorteil aus der gemeinsamen Handlung ermöglicht. Für eine solche innere Lösung müssen für die beiden Parteien die Ungleichungen

$$U_M(y_M - R, L) \geq U_M(y_M, 0),$$
(6)

beziehungsweise

$$U_H(y_H + R, L) \geq U_H(y_H, 0),$$
(7)

erfüllt sein, um eine Verbesserung nach dem starken Pareto-Prinzip zu ermöglichen, wobei mindestens einer der beiden Ausdrücke als strikte Ungleichung auftreten muss. Eine Verbesserung ist insbesondere dann wahrscheinlich, wenn der Migrant im Verhältnis zu seiner Familie sehr reich ist, da die Rimessenzahlungen für ihn dann einen ungleich geringeren Nutzenverlust, verglichen mit dem Gewinn der Gruppe in der Heimat, bedeuten.[19] Der Nutzengewinn für die Familie sollte dann zu höheren Leistungen an den Migranten führen. Ist jedoch die Entscheidung für eine Überweisung gefallen, so korreliert deren Höhe positiv mit dem Einkommen des Senders. Während dieses Ergebnis auch aus dem altruistischen Motiv abzu-

---

[19] Große Einkommensunterschiede lassen die Wahrscheinlichkeit der Heimatüberweisung steigen, während daraus noch keine Aussage über die Höhe des Transfers folgt. Diese Idee einer binären Entscheidungssituation findet sich auch in der im Abschnitt 3.1 erläuterten Neoklassischen Migrationstheorie wieder, bei der Lohndifferenzen für die Auswanderungsentscheidung verantwortlich waren.

leiten war, lässt sich nun jedoch zusätzlich, entgegen der Aussage des Altruismus, eine positive Abhängigkeit des Betrages vom Lohn der Heimatfamilie annehmen. Faini (1994) erklärt diese Beziehung mit einem positiven Grenzerlös für den Migranten durch die Überweisung, welcher sich aufgrund des gestiegenen Einkommens der Heimatfamilie beispielsweise durch die damit verbundene Aussicht auf eine höhere Erbschaft ergibt.[20] Es ist hier aber auch das Fehlen eines solchen Zusammenhangs denkbar, während eine negative Beziehung auszuschließen ist.

Wiederum liefern also die Einkommen des Senders und der Empfänger empirisch testbare Hypothesen zur Überprüfung dieses Ansatzes. Andere relevante Einflussgrößen resultieren aus dem Vorliegen bzw. Nicht-Vorliegen bestimmter Leistungen der Familie an den Migranten. So scheint etwa das Interesse an einer Vermögensverwaltung durch die Daheimgebliebenen nur bei Bestehen eines Rückkehrwunsches in die Heimat plausibel zu sein. Ferner hat eine ausländische Schulausbildung vorzuliegen, um die Rückzahlung eines Ausbildungskredits der Eltern vor der Auswanderung annehmen zu können. Schließlich sollten die Rimessen einen positiven Zusammenhang mit der Größe des Vermögens der Heimatfamilie aufweisen, falls die Aussicht auf eine größere Erbschaft als Motiv der Transferzahlung zugrunde liegt.

Im Zusammenhang mit dem Vorliegen eines Rückkehrwunsches ist allerdings der Einwand von Hoddinott (1992) zu beachten, nach dem der Wunsch nach einer Rückkehr in die Heimat im Laufe der Zeit aufgegeben werden könnte, während die Überweisungen weiterhin erfolgen. Werner (2001, S. 2) spricht in diesem Zusammenhang von der „Illusion of Return" und fügt erklärend hinzu: „Nothing is more permanent than a temporary migrant worker".

Obwohl viele Erklärungsansätze die beiden hier erläuterten Motive lediglich als Grundlage für verschiedene Betrachtungen verwenden, sind sowohl der Altruismus als auch das Eigeninteresse nicht selten gemeinsam auftretende Elemente dieser Modelle. Abschließend werden daher nun lediglich grafisch die Folgen eines Zusammentreffens der beiden Motive erläutert. Diese Situation ist in Abbildung 3 im Anhang zusammengefasst. Wenn die Wirkung des oben beschriebenen ‚warm glows' stark genug ist, dann ergibt sich für den Migranten ein Blisspunkt A, in dem die Höhe der ‚Rimessen' und der Umfang der ‚ausgetauschten Leistungen' in einem für ihn optimalen Verhältnis zueinander stehen. Hingegen hat das Indifferenzkurven-

---

[20] Faini betont vor allem die politischen Implikationen. Regierungen in den Heimatländern der Migranten verdrängen durch Transfers an Arme unter der Annahme altruistischer Motive möglicherweise lediglich Heimatüberweisungen, während solche Transfers im Fall des Eigeninteresses als Motiv der Rimessenzahlungen ein zusätzliches Einkommen für die armen Bevölkerungsschichten bedeutet.

system der Gruppe in der Heimat, H_0, den bereits in Abbildung 2 dargestellten Verlauf, wobei jetzt vor allem die Kurve durch den Ursprung relevant ist, auf der die Heimatfamilie indifferent zwischen einer Annahme und einer Ablehnung der Austauschvereinbarung ist. Liegt der Blisspunkt in der Schlechter-Menge zu den Punkten auf der Kurve, so wird der Migrant den Betrag an Rimessen und somit auch den entsprechenden Umfang der empfangenen Leistungen im Tangentialpunkt B wählen, um das für ihn höchste Nutzenniveau zu erreichen. Hier wählt also der Migrant die Rimessenhöhe und wählt damit auch die zukünftig an ihn übertragenen Leistungen. In diesem Punkt B bestimmt sich aufgrund der Höhe der Rimessen ein impliziter Preis für die ausgetauschten Leistungen. Die Familie verbessert sich in dieser Situation gegenüber dem Fall ohne Rimessen und Leistungsübertragung nicht, die Ungleichung (7) wird folglich zu einer Gleichung.[21] Eine Verbesserung wäre im vorliegenden Modell nur dann möglich, wenn der Blisspunkt in der Besser-Richtung der Indifferenzkurve durch den Ursprung liegt. In diesem Fall erreicht der Migrant seinen Optimalpunkt und gleichzeitig ergibt sich für die Gruppe in der Heimat ein höheres Nutzenniveau, weshalb Cox (1987) hierbei auch von ,effektivem Altruismus' spricht; erst jetzt stellt sich für die Familie ein Netto-Nutzengewinn ein.

Die empirische Frage nach der Relevanz beider Motive wird, wie beispielsweise Faini (1994) oder Clark und Drinkwater (2001) zeigen, von einer ganzen Reihe von Studien untersucht. Die Ergebnisse sind dabei nicht eindeutig. In der vorliegenden Studie ist eine grundsätzliche Unterscheidung der beiden Motive empirisch nur unzureichend möglich, da keinerlei Informationen über die Empfängerhaushalte der Heimatüberweisungen zur Verfügung stehen. Jedoch wird unter anderem versucht, über einige Ergebnisse zur sozialen Nähe Aussagen zum Einfluss des Altruismus auf die Transferentscheidung zu machen.

Prinzipiell ist die grundlegende Unterscheidung zwischen den beiden Motiven aber von großer Bedeutung für die nun folgenden Modelle, welche weitere empirisch testbare Hypothesen liefern.

---

[21] Die Ungleichung (7) wird von Clark und Drinkwater (2001) als strikte Ungleichung geschrieben. In diesem Fall wäre die Teilnahmebedingung für die Familie jedoch nicht erfüllt und somit auch der von Clark und Drinkwater als Lösung dargestellte Punkt B nicht erreichbar.

3.3 Modelltheoretische Erklärungsversuche

Modernere Ansätze beinhalten häufig eine Verknüpfung der beiden Basismotive in einer umfassenderen Theorie. Um ein derartiges Modell, welches anschließend Erweiterungen in verschiedene Richtungen erfährt, geht es im Folgenden.

3.3.1 Das Grundmodell

Die viel zitierte Arbeit von Lucas und Stark (1985) zur Analyse von Wanderungsbewegungen innerhalb Botswanas präsentiert Überlegungen zur gemeinsamen Erklärung von Migration und Heimatüberweisungen. Dabei sind sowohl altruistische Motive als auch das oben beschriebene Eigeninteresse von Bedeutung und führen zu weiteren Hypothesen zum Einfluss möglicher Faktoren auf die Transferentscheidung. Dem Modell liegt die Idee zugrunde, dass die Auswanderung einzelner Mitglieder aus der Sicht aller Familienangehörigen eine Pareto-Verbesserung bedeutet. Die Gründe hierfür entspringen der Annahme von Investment- und Risikoüberlegungen der Gruppe. Als Grundlage dient dabei eine explizite oder implizite Vereinbarung zwischen dem Migranten und der Familie in der Heimat über die Verteilung der Kosten und Erträge, welche mit der Wanderung verbunden sind.

Die Finanzierung der Ausbildung auswanderungswilliger Familienmitglieder sowie andere monetäre und nicht-monetäre Beihilfen zur Migration selbst können als Investition in das Humankapital des Auswanderers interpretiert werden. Die später zurückfließenden Transferzahlungen sind dabei als Erträge der Investmententscheidung zu sehen. In empirischen Untersuchungen sollte ein positiver Effekt derartiger Unterstützungen auf die Heimatüberweisungen festzustellen sein. Ferner besteht die Vermutung, dass in der Heimat ausgebildete Kinder einen höheren Betrag aus dem Ausland zurück an ihre Eltern in der Heimat überweisen als Personen, welche entweder nach der Emigration mit ihren Familien im Gastland Bildungseinrichtungen besuchten oder als ungelernte Arbeitskräfte auswanderten. Das Vorliegen einer ausländischen Ausbildung oder Informationen über die Zahlung der genannten Beihilfen würden eine solche Hypothese bestätigen.

Risikoüberlegungen als zweiter Bestandteil des Modells resultieren aus den bereits oben erwähnten Ansätzen der Migrationstheorie zur Diversifikation der Einkommensquellen der gesamten Familie. Demnach machen unvollständige Kapital- und Versicherungsmärkte eine breitere Streuung dieser Quellen sowohl zwischen Arbeitsmarktsegmenten als auch im Rahmen der geographischen Verteilung notwendig. Mithin kauft der Haushalt durch Platzierung seiner Mitglieder auf verschiedenen Arbeitsmärkten, deren Erträge keine hohen positiven

26

Korrelationen aufweisen, eine Versicherung. Rimessen sollten also beispielsweise dann stärker fließen, wenn das Einkommen in der Heimat gefährdet ist. Lucas und Stark (1985) zeigen diesen Zusammenhang für Dürreperioden in den landwirtschaftlich geprägten Heimatregionen der Auswanderer in Botswana. Poirine (1997) sieht vor allem eine hohe Volatilität der Heimatüberweisungen, resultierend aus Lohnschwankungen, unsicheren Ernteerträgen oder gesamtwirtschaftlichen Einflüssen im Heimatland als Indiz für die beschriebenen Hypothesen. Andererseits sollten die Rimessen dann abnehmen, wenn das Einkommen im Gastland gefährdet ist. Dabei sind natürlich auch negative Geldströme möglich, durch welche dann eine Unterstützung der Heimatfamilie für den Migranten in einer Notsituation bedeuten.[22]

Die Basismotive aus Altruismus und Eigeninteresse erklären den Anreiz zur Erfüllung der freiwilligen Vereinbarung insbesondere durch den Migranten, dessen Zahlungen erst nach dem Empfang der Unterstützungsleistungen erwartet werden. Altruistische Motive spielen für beide Parteien eine wesentliche Rolle und erklären, warum gerade in Familien solche Vereinbarungen zustande kommen. Daneben besitzen jedoch auch Eigeninteressen des ausgewanderten Familienmitgliedes eine Relevanz. Die bereits oben beschriebenen Leistungen der Heimatfamilie an den Auswanderer lassen sich auch hier empirisch nachweisen. So ist etwa für den Fall einer möglichen Erbschaft zu erwarten, dass die Transferzahlungen positiv vom Einkommen der Familie und damit von der Höhe der Erbschaft abhängen. Bernheim, Schleifer und Summers (1985) sprechen hierbei vom ‚strategischen Erben' („strategic bequest"). Ferner zeigen Lucas und Stark (1985) für Botswana, dass Söhne, denen nach herrschender Erbfolgeregelung der elterliche Hof zusteht, mehr überweisen als Töchter. Dieser Zusammenhang wächst sogar mit der Größe des elterlichen Hofes und mit der Zahl der Brüder, welche in diesem Zusammenhang als Konkurrenten betrachtet werden. Des Weiteren könnten Zahlungen an enge Familienmitglieder erfolgen, da diese als besonders vertrauenswürdige Vermögensverwalter bis zum Zeitpunkt der Rückkehr des Emigranten gelten. Bei Vorliegen eines solchen Motivs sollten die Transfers jedoch, so erklärt wiederum Poirine (1997), von den Empfängern investiert statt verkonsumiert werden. Zusätzlich hat ein Rückkehrwunsch in die Heimat vorzuliegen. Dies gilt ebenfalls für Überweisungen an die Familie, welche den sozialen Stand des Auswanderers bei seiner Rückkehr in die heimische Gemeinschaft positiv beeinflussen sollen.

---

[22] Leider enthält der in dieser Studie verwendete Datensatz keinerlei Angaben zu den Zahlungen, die der Migrant aus dem Heimatland empfangen hat.

In jedem dieser Fälle profitiert die ausgewanderte Person weiterhin von den Leistungen der Gruppe in der Heimat, so dass hier, wie schon in der theoretischen Darstellung zu den Eigeninteressen gezeigt, eine Verhandlungssituation entsteht. Dabei kommt jedoch nun der Familie die höhere Machtposition zu, falls der Migrant den Wunsch zur Rückkehr hat oder die entsprechenden Leistungen nur durch die Familie erfolgen können.[23] Wächst also deren Macht, wie dies etwa durch ein größeres Vermögen und somit einer höheren Erbschaft der Fall wäre, sollten sich auch die Heimatüberweisungen erhöhen. Dies steht wiederum im Widerspruch zu den Auswirkungen altruistischer Motive.

Wie Lucas und Stark (1985) feststellen, kann also weder allein der Altruismus noch das ‚reine' Eigeninteresse des Migranten dessen Entscheidung zur Heimatüberweisung erklären. Aus diesem Grund wählen sie einen kombinierten Erklärungsansatz, in dem beide Grundmotive von Bedeutung sind. Sie sprechen dabei von „tempered altruism or enlightened self-interest".

3.3.2 Einige weiterführende Ansätze

Neue Arbeiten zur Erklärung von Heimatüberweisungen basieren häufig auf den von Lucas und Stark dargestellten Grundüberlegungen. Die Idee der Risikoreduktion wird etwa von Lucas und Stark (1988) selbst weiter vertieft. Kernpunkt ist bei ihnen die Annahme eines impliziten Versicherungsvertrages, welcher noch deutlicher die intertemporale Nutzenmaximierung der gesamten Familie unterstreicht. Die Gruppe tritt dabei zuerst als Versicherer des auswanderungswilligen Familienmitgliedes auf, indem sie die mit der Migration verbundenen Risiken trägt. Erst wenn sich der Emigrant im Ausland niedergelassen hat, fungiert er selbst, wie bereits oben beschrieben, als Versicherer der in der Heimat verbliebenen Personen. Diese Beziehung kann sich jedoch dann wieder umkehren, wenn der Migrant im Gastland einem erhöhten Einkommensrisiko ausgesetzt ist. Brown (1997) erklärt dazu, dass die Familie durch diese Absicherung die Möglichkeit zu risikoreicheren Investitionen in der Heimat hat. Um diese Risikothese empirisch zu untersuchen, sollte eine Re-Investition der Gelder durch die Familie festgestellt werden. Dies wird zumindest in den von Poirine (1997) zitierten Quellen für Tonga und West-Samoa abgelehnt. Der hier für die vorliegende Arbeit verwendete Datensatz enthält keine Informationen über die Empfängerhaushalte, wodurch eine solche Überprüfung für Deutschland an dieser Stelle nicht möglich ist.

---

[23] Diese Annahme durch Lucas und Stark (1985) widerspricht allerdings in gewisser Weise dem angenommenen Vorgehen in der Abbildung 3, bei dem allein der Migrant eine Entscheidung über die Höhe der Rimessen zu treffen hatte.

Ähnliche Überlegungen liegen auch dem Portfolio-Ansatz von Stark (1991b) zugrunde. Die bereits im Grundmodell geschilderte Investmententscheidung der Familie in verschiedene Marktsegmente dient dabei der Verstetigung des Gesamtkonsums. Hierzu nimmt Stark die Existenz einer gemeinsamen Kasse an, in die die einzelnen Mitglieder durch ihre Heimattransfers einzahlen. Dieser enge Familienzusammenhalt löst sich jedoch zum Beispiel dann auf, wenn die Emigranten im Ausland eigene Familien gründen. Clark und Drinkwater (2001) sehen hierfür etwa in der Heirat oder der Geburt von Kindern im Ausland überprüfbare Indizien. Eine wesentliche Voraussetzung für die Annahme einer Portfolio-Entscheidung besteht wiederum in der Existenz unvollkommener Märkte in der Heimat, welche jedoch laut Massey et al. (1993) kaum empirisch zu überprüfen ist.

Der zeitliche Aspekt, welcher bereits zuvor in der Modellierung einer intertemporalen Familienentscheidung zum Ausdruck kam, wird besonders von Poirine (1997) in den Mittelpunkt gestellt. Dabei verwendet er die bereits von Lucas und Stark (1985) oder Stark (1991a) erwähnte, aber nicht theoretisch formulierte Idee der Existenz verschiedener Kreditvereinbarungen zwischen den Familienmitgliedern. Poirine (1997) unterscheidet dazu drei verschiedene Phasen der Heimatüberweisungen durch den Emigranten, wie sie beispielsweise in Abbildung 4 im Anhang dargestellt sind.[24] Die im Zusammenhang mit der Auswanderung erhaltene Unterstützung wird als Kredit angesehen, welcher nach einer gewissen Eingewöhnungsphase im Ausland zurückzuzahlen ist. Allerdings beginnt schon vor dem Auslaufen dieser Kreditverpflichtung eine zweite Phase, in der der Migrant Transferzahlungen an die nächste Generation von Auswanderern zur Bildung von Humankapital leistet. Die Rückzahlung dieses zweiten Kredits bedeutet für ihn später eine zusätzliche Rente. Diese wird noch erhöht durch eine dritte Zahlungswelle, welche bereits einer weiteren finanziellen Absicherung des Ruhestands in der Heimat dient. Selbstverständlich fällt diese letzte Phase dann weg, wenn kein Rückkehrwunsch besteht. Als Summe der einzelnen Überweisungen ergibt sich eine M-förmige Gesamttransferkurve, deren Existenz sowohl mit deskriptiven als auch durch ökonometrische Schätzungen überprüft werden kann. Poirine zeigt am Beispiel von Tonga und West-Samoa deskriptiv die Relevanz seiner Hypothese, während etwa Clark und Drinkwater (2001) diese temporale Entwicklung der Beträge für ausländische Haushalte in England und Wales nicht feststellen können. Des Weiteren sollten auch bei diesem Ansatz vorab Unterstützungszahlungen an den Auswanderer geleistet worden sein.

---

[24] Die Skalierung der Zeitachse ist dabei eher willkürlich gewählt.

Die Hypothese von Poirine (1997) steht vor allem im Widerspruch zu altruistischen Erklärungsansätzen, nach denen im Zeitablauf, bedingt durch die abnehmende soziale Nähe zur Heimat, von einem Sinken der Überweisungshöhe und damit insgesamt von einer inversen U-Kurve auszugehen ist. Jedoch betont er, ebenso wie Lucas und Stark (1985), die Möglichkeit einer kombinierten Erklärung des beobachtbaren Transferverhaltens, in dem auch altruistische Motive und Investitionsüberlegungen eine Rolle spielen.

Eine sehr ähnliche Beschreibung der zeitlichen Entwicklung von Heimatüberweisungen findet sich bei Ilahi und Jafarey (1999). Sie betonen insbesondere die Bedeutung der Familie bei dieser Kreditaufnahme, welcher erneut die Verfolgung von Eigeninteressen vor allem durch den Migranten zugrunde liegt. Zum einen sind günstigere Rückzahlungsmodalitäten denkbar. So werden häufig nicht-monetäre Leistungen akzeptiert oder Zahlungsaufschübe gewährt. Zum anderen kann aufgrund der besseren Möglichkeiten zur Solvenzprüfung und Durchsetzung der Rückzahlungen ein impliziter Zinssatz unterhalb des Marktzinsniveaus realisiert werden. Insgesamt wäre zum Beispiel zu prüfen, inwieweit nicht-monetäre Leistungen durch Auswanderer an die Familien in der Heimat erfolgen. Leider enthält der vorliegende Datensatz auch hierzu keine Informationen.

In der aktuellen Literatur existieren weitere theoretische Ansätze, die hier allerdings nur kurz erwähnt werden. Docquier und Rapoport (2000) sehen Rimessen als strategische Zahlungen. In ihrem Modell, basierend auf den Überlegungen von Stark (1995), existiert auf dem Arbeitsmarkt des Gastlandes eine zeitlich begrenzte Informationsasymmetrie bezüglich der Leistungsfähigkeit der Einwanderer, welche daraufhin bei der Festsetzung von Löhnen als homogene Gruppe behandelt werden. Daraus ergibt sich für höher qualifizierte Ausländer ein Anreiz zum Geldtransfer an weniger qualifizierte Angehörige in der Heimat, um diese vom Nachzug und der damit verbundenen Senkung des durchschnittlichen Ausbildungsniveaus der Ausländer abzuhalten. Eine empirische Überprüfung ihrer verschiedenen Hypothesen erscheint äußerst schwierig. Gleichzeitig stellt sich die Frage, ob Ausländer angesichts der enormen Einwanderungsströme tatsächlich derart strategisch handeln können.

Wiederum andere Ansätze sehen die Heimatüberweisungen als Portfolio-Entscheidung des *Migranten*. Wurden bisher fast ausschließlich mikroökonomische Einflussfaktoren betrachtet, so stehen nun makroökonomische Größen, wie beispielsweise Zinsdifferenzen und Wachstumsunterschiede zwischen Gast- und Heimatland im Vordergrund. Faini (1994) zeigt die empirische Bedeutung derartiger Faktoren. Ferner sieht er die Investment-Entscheidung der ausgewanderten Person neben altruistischen Motiven und der Verfolgung von Eigeninteressen

30

als dritten generellen Erklärungsansatz für die Heimatüberweisungen. Eine solche Unterteilung erscheint jedoch fragwürdig, da die Geldanlage in der Heimat wiederum durch Eigeninteressen motiviert ist. Hervorzuheben ist allerdings die Loslösung des Ansatzes von der Idee einer Entscheidung im Familienverbund und somit zugleich die Betonung allein individueller Beweggründe.

In diesem Kapitel wurden verschiedene Erklärungsansätze für Transferzahlungen durch Migranten in deren Heimatländer vorgestellt und erläutert. Viele der aus ihnen resultierenden Hypothesen sind empirisch überprüfbar. Der vorliegende Datensatz erlaubt es, zumindest einen Teil der vorgenannten Aussagen zu untersuchen.

Es bleibt festzuhalten, dass sich theoretische Modelle bereits sehr weit entwickelt haben und verschiedenste Aspekte von Migration und Heimatüberweisungen erklären wollen. In vielen Bereichen fehlt es jedoch an empirischen Bestätigungen der Aussagen. Ferner beschränken sich die bisherigen Arbeiten auf sehr wenige Länder, so dass auch hier ein Bedarf für weitere Studien besteht.

4. Empirische und ökonometrische Modellierung

Anhand der im vorangegangenen Kapitel aus den theoretischen Modellen abgeleiteten Variablen lassen sich wesentliche Motive sowohl zur Entscheidung zur Überweisung als auch zur Bestimmung deren Höhe überprüfen. Dabei können die genannten Einflussgrößen in einer Rimessenfunktion zusammengefasst werden, welche zum Beispiel von Hassan, Zeller und Melicek (2001) als

Rimessen = ƒ (**H, M, S**)

formuliert wird. Dabei stellt **H** nun einen Vektor sozioökonomischer Charakteristika der Heimathaushalte, **M** einen Vektor der Eigenschaften des Migrantenhaushalts und **S** den Vektor sonstiger, vor allem makroökonomischer Einflussgrößen dar.[25] Die in Kapitel 3 aufgeführten Variablen lassen sich diesen Kategorien jeweils zuordnen.

Im ersten Teil dieses Kapitels wird im Zusammenhang mit der Vorstellung der Datenerhebung und der mit ihr verbundenen Probleme gezeigt, dass anhand des vorliegenden Datensatzes lediglich die Elemente des zweiten Vektors untersucht werden können. In Abschnitt 4.2 werden dann die sich für diese Einflussgrößen ergebenden Hypothesen vorgestellt und mit Aussagen der bereits existierenden, empirischen Literatur zu internationalen Heimatüberweisungen verglichen. Gleichzeitig wird in diesem Abschnitt die Bildung der erklärenden Variablen aus den vorliegenden Paneldaten beschrieben. Der letzte Teil des Kapitels dient dann der ökonometrischen Modellierung der Transferentscheidung.

4.1 Die Datenerhebung

Der in dieser Arbeit verwendete Datensatz basiert auf dem Sozioökonomischen Panel (SOEP), einer in Deutschland durchgeführten, repräsentativen Wiederholungsbefragung privater Haushalte. Im Rahmen eines persönlichen Interviews werden seit 1984 hierzu im jährlichen Rhythmus möglichst denselben Personen und Familien Fragen zu den verschiedensten Bereichen des privaten und beruflichen Lebens gestellt.[26] Dabei beantworten alle erwachsenen Haushaltsmitglieder individuelle Fragebögen. Zusätzlich wird eine Person als Haushaltsvorstand identifiziert, um weitere, die gesamte Familie betreffende Fragen zu beantworten.

---

[25] Hassan, Zeller und Melicek fassen in dem Vektor S gemäß ihrer auf die Empfängerhaushalte nationaler Transfers orientierten Untersuchung vor allem Variablen zur Beurteilung des Einkommensrisikos in der Heimat zusammen.

[26] Eine auch im Internet erhältliche Erklärung der Geschichte, des Aufbaus und der Durchführung des Panels geben Haisken-DeNew und Frick (2000).

Haisken-DeNew und Frick (2000) erläutern, dass diese regelmäßig befragte Person als das am besten über verschiedene Belange des gesamten Haushalts informierte Familienmitglied angesehen wird.

In der vorliegenden Arbeit wurden Daten zum Jahr 1996 ausgewertet. Für diese Wahl spricht, dass zu diesem Zeitpunkt erstmals einheitliche Fragebögen ausgegeben wurden, während in den vorherigen Jahren Ostdeutsche und eingewanderte Probanden ergänzende Fragen beantworteten.[27] Nicht berücksichtigt wurden dabei vorher die in Deutschland geborenen Ausländer, für die jedoch die hier untersuchte Problemstellung trotzdem relevant ist. Zusätzlich wurden mit der Erhebungswelle des Jahres 1996 neue Fragen, wie etwa die nach dem Rückkehrwunsch der Ausländer in ihre Heimat, aufgenommen. Einige dieser Fragestellungen erscheinen, gemäß einem zweijährigen Zyklus, erst 1998 wieder, so beispielsweise die Frage nach einem Heimatbesuch der Ausländer. Ferner erfuhr das Panel durch die Aufnahme neuer Teilnehmer eine Aktualisierung der Stichprobe. Zuletzt spricht für eine Entscheidung zugunsten des Jahres 1996 das eher technische Problem der ab 1997 nach unterschiedlichen Nationalitäten aufgegliederten Haushalte des ehemaligen Jugoslawiens. Hieraus könnte sich möglicherweise die Notwendigkeit einer getrennten Untersuchung dieser nun allerdings sehr kleinen Gruppen ergeben.

Aufgrund der vormals gesonderten Einwandererstichprobe enthalten die Daten des SOEP eine relativ große, entsprechend ihren tatsächlichen Bevölkerungsanteilen gewichtete Zahl an Haushalten griechischer, italienischer, ehemals jugoslawischer, spanischer und türkischer Nationalität, wie sie auch schon in Tabelle 1 aufgeführt sind. Eine alleinige Betrachtung dieser Gruppen würde jedoch sowohl Haushalte mit deutschem Vorstand aber anderen, ausländischen Mitgliedern als auch eingebürgerte Zuwanderer unberücksichtigt lassen und damit die eher langfristigen Aspekte der Zuwanderung unter Umständen nicht ausreichend einschließen. Eine derartige Einschränkung trifft gemäß Clark und Drinkwater (2001) beispielsweise auf die Untersuchung der Heimatüberweisungen von Gastarbeitern in Deutschland durch Merkle und Zimmermann (1992) zu. In der vorliegenden Arbeit werden daher Haushalte bereits dann in die Stichprobe aufgenommen, wenn ein Haushaltsmitglied in den Jahren seit der Aufnahme in das Panel eine ausländische Staatsangehörigkeit besessen hat. Die dem Individuum zugeordnete Nationalität entspricht dabei der letzten nicht-deutschen Staatsangehörigkeit. Da allerdings Personen, welche zum Befragungszeitpunkt als Deutsche gelten, die speziell an Aus-

---

[27] Es sind jedoch auch weiterhin speziell an Ausländer gerichtete Fragen im Bogen enthalten, die von Deutschen übersprungen werden.

länder gerichteten Fragen nicht beantworten, liegen nicht überall für sämtliche Haushalte Antworten vor. In dieser Studie betrifft das vor allem die Angaben zur Aufenthaltsdauer in Deutschland, zum Besuch der Heimat und zum Wunsch nach einer späteren Rückkehr in die Heimat, so dass hierfür eine kleinere Stichprobe Verwendung findet.[28] Aus den Nationalitäten der einzelnen Mitglieder ergibt sich dann die Zuordnung des Haushalts zu einer der acht in der Tabelle 2 aufgeführten ethnischen Gruppen.

Die abhängige Variable der Rimessenfunktion ergibt sich aus den Antworten der Personen auf drei Fragen.[29] Aus der Frage nach den individuellen Überweisungen an Personen außerhalb des Haushalts im vergangenen Jahr und der Information bezüglich der Wohnorte dieser Personen lässt sich die binäre Variable Z_i zum Vorliegen der Heimatüberweisung bilden. Des Weiteren resultiert aus den Angaben zur Transfersumme eine zweite, nun diskrete Variable R_i. Lediglich in sechs überweisenden Haushalten wurden keine Angaben zum Betrag gemacht, was im Vergleich zu anderen Studien einen besonders guten Wert darstellt. In dem von Clark und Drinkwater (2001) verwendeten Panel geben über 40 Prozent der Überweisenden keine genaue Auskunft über die Transferhöhe.

Es handelt sich bei den angegebenen Beträgen jeweils um Bruttozahlungen, da in den Paneldaten keine Angaben zu erhaltenen Zahlungen aus der Heimat gemacht werden. Diese Tatsache wird vor allem bei der ökonometrischen Modellierung in Abschnitt 4.3 von Bedeutung sein, da die abhängige Variable dadurch keine Werte kleiner als Null annehmen kann.

Die individuellen Transferleistungen werden, wie unten begründet, auf Haushaltebene aggregiert, woraus sich die in Tabelle 2 im Anhang dargestellten Daten sowohl zur Überweisungsentscheidung als auch zur durchschnittlichen Höhe der Zahlungen ergeben. Wie bereits im dritten Kapitel erwähnt, beschreibt Dasgupta (1993) die Möglichkeit der Beeinflussung dieser Transferentscheidung durch ethnische Unterschiede. Die hier deskriptiv dargestellte Verteilung der genannten Größen nach den Nationalitäten der Haushalte scheint dies zu bestätigen. Während über 40 Prozent der ehemals rein jugoslawischen Haushalte Überweisungen in ihre Heimat tätigen, sind es auf der anderen Seite lediglich 5,65 Prozent der rein italienischen Familien. Damit bestätigen sich auch die in der Tabelle 1 sichtbar gewordenen Unter-

---

[28] Die Zahl der Antworten variiert jedoch auch zwischen den drei betroffenen Größen, so dass vermutlich auch nicht alle ausländischen Haushalte jede dieser Fragen beantworteten.

[29] In den Fragebögen der Einwandererstichprobe wurde vor dem Jahr 1996 direkt nach den Heimatüberweisungen gefragt. Die Vereinheitlichung der Fragen macht jedoch nicht nur hier eine etwas umständlichere Datenauswertung notwendig. Andererseits wird dadurch natürlich eine größere Vergleichbarkeit der befragten In- und Ausländer erzielt.

schiede. Die Anteile der überweisenden Haushalte der anderen Nationalitäten zeigen hingegen kaum Abweichungen gegenüber dem Durchschnittswert.

Die Zahl der Haushalte bei der Betrachtung der Transfersummen nimmt für einige Gruppen deutlich ab, so dass die Aussagen der entsprechenden Werte unzuverlässig werden. Dennoch sind auch hier deutliche Divergenzen feststellbar. Diese ethnischen Unterschiede lassen sich auch empirisch untersuchen. Interessant ist dabei zu erfahren, ob die Abweichungen durch andere Einflussgrößen, etwa durch unterschiedliche Aufenthaltsdauern, erklärt werden können.

Aus dem beschriebenen Vorgehen zur Bildung der relevanten Stichprobe sowie der abhängigen Variablen und aufgrund einiger Schwächen des vorliegenden Datensatzes besonders in Bezug auf die hier interessierenden Heimatüberweisungen ergeben sich einige Probleme und Beschränkungen hinsichtlich der Aussagekraft der empirischen Ergebnisse.

Vermutlich am schwersten wiegt dabei das weitgehende Fehlen von Informationen über die Empfängerhaushalte. Daher kann beispielsweise keine Aussage über die im modelltheoretischen Teil dieser Arbeit beschriebenen Reaktionen der Heimatüberweisungen auf eine Variation der Einkommensdifferenzen zwischen Gast- und Heimatland gemacht werden. Weiterhin liegen keine Angaben zu der familiären und ökonomischen Situation der Angehörigen in der Heimat vor. Hieraus ließen sich Aussagen bezüglich der erwähnten Transferanreize für den Migranten, etwa die Aussicht auf eine Erbschaft in der Heimat oder die Reaktion auf wirtschaftliche Probleme der Familie, ableiten. Auch fehlen Angaben zur Verwendung der überwiesenen Geldbeträge in der Heimat, wodurch, wie in Kapitel 3.3 erklärt, die von Poirine (1997) vermutete erneute Investition dieses Vermögens überprüfbar wäre.

Während einige Studien, genannt seien hier etwa die Arbeiten von Merkle und Zimmermann (1992) über Gastarbeiter in Deutschland, Brown (1997) zu Australien und Clark und Drinkwater (2001) aus England und Wales, ähnlichen Problemen gegenüber stehen, verwenden andere Arbeiten fast ausschließlich Informationen aus dem Heimatland. Hierzu zählen beispielsweise die Analysen von Hoddinott (1992) zur nationalen Wanderung in Kenia oder von Funkhouser (1995) über Transfers aus den USA nach Mittelamerika.

Auch durch die Einbeziehung aggregierter Größen, wie zum Beispiel die Arbeitslosenquote und das Wirtschaftswachstum im Heimatland, können die Einzelsituationen der Empfängerhaushalte nur ungenügend abgebildet werden, da diese Informationen lediglich Aussagen zur makroökonomischen Situation des Empfängerlandes machen, während die Entscheidungen auf mikroökonomischer Ebene getroffen werden. Zudem wäre aufgrund längerfristiger Schwankungen ein sehr viel größerer Beobachtungszeitraum erforderlich, der temporäre Veränderungen besser widerspiegelt.[30]

Ähnlich weitreichend wie das Fehlen von Daten zu den Empfängerhaushalten ist die Frage, wie im Rahmen des Haushalts im Gastland, sofern er aus mehreren Personen besteht, eine Überweisungsentscheidung getroffen wird. Obwohl in den Fragebögen des SOEP nach den getätigten Überweisungen jedes einzelnen Haushaltsmitgliedes gefragt wird, kann daraus nicht auf eine alleinige Entscheidung durch den Probanden selbst geschlossen werden. So ist es durchaus denkbar, dass die Überweisungen von einzelnen anderen oder mehreren Haushaltsmitgliedern gleichzeitig initiiert wurden. Die überwiegende Mehrheit der bisher durchgeführten Studien trägt diesem Problem jedoch kaum Rechnung und bezieht potenzielle Einflussfaktoren allein auf die befragte Person, welche entweder der Haushaltsvorstand oder ein anderes Familienmitglied sein kann.[31] Dies ist umso erstaunlicher, als dass bereits die Deutsche Bundesbank (1974) auf das Problem fehlender Informationen zur Entscheidungsfindung im Senderhaushalt hinweist. Clark und Drinkwater (2001), konfrontiert mit dem Problem, lediglich Informationen über Transfersummen auf Haushaltsebene zur Verfügung zu haben, verwenden aus diesem Grund sowohl Haushaltsdaten als auch, dort wo sie vorliegen, Informationen über den Haushaltsvorstand. Dies ist in gewisser Weise inkonsistent, da damit erneut implizit die Rolle dieser Einzelperson bei der Transferentscheidung übergewichtet wird.

In der auch in Kapitel 3 dargestellten theoretischen Literatur wird die Familienentscheidung in aller Regel lediglich im Heimatland betrachtet. Dazu bemerken Agrawal und Horrowitz (2002, S. 2040): „In practice, migrants establish distinct households, and a more accurate terminology might reflect that remittances are in fact an interaction between households." Daraus resultiert die Notwendigkeit, viele Einflussgrößen auf Haushaltsebene zusammenfassen zu müssen, auch wenn dadurch möglicherweise ein gewisser Teil der Informationen verloren

---

[30] Makrogrößen spielen bei der Annahme einer Investmententscheidung durch den Migranten eine sehr viel wichtigere Rolle. Faini (1994) zeigt zum Beispiel die Relevanz des Wechselkurses für den Umfang der gesamten Heimatüberweisungen in ein Land.

[31] An dieser Stelle ist es nicht möglich, alle betroffenen Arbeiten zu nennen. Stellvertretend seien hier die aktuellen Studien von Brown (1997), Ilahi und Jafarey (1999) und Simati und Gibson (2001) genannt. Andere Texte, wie etwa Merkle und Zimmermann (1992), verwenden nur teilweise auf Haushaltsebene aggregierte Größen.

geht.[32] Die Beschreibung der Modellierung der verwendeten Variablen in Kapitel 4.2 verdeutlicht dieses Vorgehen.

Einige weitere, sehr viel weniger zentrale Schwierigkeiten des vorliegenden Datensatzes sollen nicht unerwähnt bleiben. Die Frage nach erfolgten Zahlungen in das Heimatland lässt den Transfer nicht-monetärer Güter unberücksichtigt. Russell (1986) und Brown (1997) erklären, dass zumindest aus theoretischer Sicht auch derartige Übertragungen einbezogen werden sollten, obwohl sie in der Regel schwer zu erfassen und schwierig zu bewerten sind. Bisher wird dies trotz aller in Kapitel 2 erläuterten Probleme lediglich auf makroökonomischer Ebene bei der Aufstellung der Zahlungsbilanzen versucht. Weiterhin fehlen in den vorliegenden Paneldaten Angaben zur Regelmäßigkeit der geleisteten Zahlungen sowie zu den verwendeten Überweisungswegen. Clark und Drinkwater (2001) interpretieren zusätzlich die Angaben der Probanden zum Anlass des jeweiligen Transfers. Auch die Erhebungen des SOEP enthalten bis zum Jahre 1995 diese Fragestellungen, doch ist die Aussagekraft der Antworten dann sehr gering, wenn es um die Frage nach altruistischen Motiven oder der Verfolgung von Eigeninteressen geht, da die Befragten selbst möglicherweise altruistische Motive annehmen, jedoch eher aus tiefer gehendem Eigeninteresse handeln.[33]

Alle bisherigen Arbeiten zur Untersuchung von Heimattransfers beinhalten, häufig neben einigen weiteren, eine mehr oder weniger große Zahl der hier genannten Probleme. Dennoch sind ihre Ergebnisse weit davon entfernt, völlig unzuverlässige Aussagen zu machen. Allerdings sind die unvermeidlichen Schwierigkeiten bei der Durchführung der Studie und der Interpretation ihrer Ergebnisse zu berücksichtigen.

Im nächsten Abschnitt werden die aus den theoretischen Modellen und bisher existierenden empirischen Studien abzuleitenden Hypothesen zu den verwendeten Variablen formuliert. Anschließend erfolgt eine Beschreibung der Bildung der verwendeten Größen aus den vorliegenden Paneldaten.

---

[32] Auch die in den Fragebögen enthalten Angaben zur verwandtschaftlichen Beziehung zwischen Sender und Empfänger der Überweisung stellen keine Hilfe dar. Zum einen werden wenig aussagekräftige Empfängergruppen, etwa ‚Eltern und Schwiegereltern', gebildet, aus denen immer noch hervorgeht, welche verwandtschaftliche Beziehung zwischen der überweisenden Person und dem Empfänger besteht. Zum anderen bliebe auch bei einer genaueren Information hierzu der eigentliche Initiator des Transfers unbekannt.

[33] Eine genauere Darstellung der mit diesen Antworten verbundenen Probleme gibt Poirine (1997, S. 590), der seine Ausführungen mit der Feststellung schließt: „Therefore, the reasons people give for their acts in surveys may not help us much in explaining and predicting their actual behavior."

4.2 Hypothesen und Vorstellung der exogenen Variablen

Aufgrund der beschriebenen Probleme und Einschränkungen der Datenerhebung konzentriert sich der ökonometrische Teil dieser Arbeit auf die Charakteristika des Haushalts im Gastland, welche in der eingangs dieses Kapitels eingeführten Rimessenfunktion den zweiten Vektor bilden. Die verbliebenen Variablen ermöglichen dennoch eine ganze Reihe von Aussagen bezüglich der zugrunde liegenden Motive der Transferentscheidung. Die Auswahl der Einflussfaktoren richtet sich dabei vor allem nach der sehr aktuellen Arbeit von Clark und Drinkwater (2001), während andere Studien jedoch ergänzend hinzukommen. Im Folgenden wird auf den erwarteten Einfluss dieser Größen eingegangen, wie er sich aus den theoretischen Überlegungen ergibt.

Eine erste Gruppe von Einflussfaktoren bestimmt im Wesentlichen das Potenzial des Migrantenhaushalts zur Überweisung an die Familie in der Heimat und damit das Angebot an Rimessen. Hierzu zählt vor allem das Einkommen im Gastland. Dessen Einfluss auf die Transferentscheidung sollte sowohl bei der Annahme altruistischer Motive als auch bei der Verfolgung von Eigeninteressen positiv sein. Da jedoch keine Informationen über das Einkommen der Heimatfamilie vorliegen, sagt diese Variable insgesamt sehr wenig über die zugrunde liegenden Motive. Weiterhin wird beispielsweise von Brown (1997) oder Simati und Gibson (2001) die Personenzahl im Haushalt des Überweisungssenders als einflussreiche, positive Größe auf das Rimessenpotenzial betrachtet und nachgewiesen, da hierdurch die Anzahl der Einkommen steigt. Demgegenüber ermitteln etwa Merkle und Zimmermann (1992) sowie Funkhouser (1995) einen negativen Zusammenhang. Dieser lässt sich sowohl mit der größeren Zahl nicht-erwerbstätiger Personen als auch mit der geringeren sozialen Nähe zur Heimat aufgrund der Familiengründung im Gastland erklären.[34] Letztere Überlegung entspringt der Idee des Familien-Portfolio-Ansatzes von Stark (1991b), nach dem der Migrant als Teil der Heimatfamilie deren Einkommensquellen diversifizieren und die Geldzuflüsse erhöhen soll. Es ist daher insgesamt im Vorhinein unklar, wie das Vorzeichen des Effekts der Haushaltsgröße auf die Rimessenzahlung im vorliegenden Datensatz aussieht.

Die verwandtschaftlichen Beziehungen zwischen dem Haushalt im Gastland und der Familie in der Heimat werden innerhalb verschiedener Modelle erwähnt. Wie bereits erläutert, hängt der Grad des Altruismus von der sozialen Nähe des Auswanderers zur Heimat ab, welche sich auch durch familiäre Bindungen ausdrückt. Demnach sollte sowohl die Überweisungswahr-

---

[34] Clark und Drinkwater (2001) finden einen negativen Zusammenhang zwischen der Kinderzahl im Migrantenhaushalt und der Überweisungswahrscheinlichkeit.

scheinlichkeit als auch deren Höhe dann entsprechend größer sein, wenn nähere Verwandte, wie etwa Eltern, Kinder oder Ehepartner, im Heimatland leben. Allerdings führt auch die Annahme der Verfolgung von Eigeninteressen zu einer derartigen Aussage, wobei beispielsweise die Möglichkeit der Vermögensverwaltung zu Hause eher den nächsten Verwandten anvertraut wird oder die Aussicht auf eine Erbschaft vor allem bei Eltern im Ausland für einen positiven Einfluss sorgt. Des Weiteren ist ein solcher Zusammenhang auch aufgrund bestehender Kreditvereinbarungen im Rahmen einer Ausbildungsunterstützung erklärbar. Während Zahlungen gemäß der Abbildung 4 im Anhang in der ersten Phase als Kreditrückzahlung an die Eltern erfolgen, dienen anschließende Überweisungen vor allem der Humankapitalbildung der nächsten Generation. Zusammenfassend wird also ein äußerst positiver Einfluss der verwandtschaftlichen Beziehungen vermutet und auch von Merkle und Zimmermann (1992), Brown (1997) und Clark und Drinkwater (2001) bestätigt.

Aufgrund der größeren sozialen Nähe wird weiterhin ein positiver Zusammenhang zwischen der Zahl der im Ausland geborenen Haushaltsmitglieder und der Überweisungswahrscheinlichkeit angenommen und von Clark und Drinkwater (2001) empirisch nachgewiesen. Gleiches gilt für das Vorliegen eines Besuchs des Auswanderers in der Heimat, wodurch der enge Kontakt mit der Familie aufrechterhalten wird. Ferner schlagen Clark und Drinkwater vor, altruistische Grundeinstellungen anhand des Freizeitverhaltens des Migranten zu ermitteln. So vermuten und zeigen sie, dass die ehrenamtliche Tätigkeit im Gastland einen positiven Effekt auf die Transferentscheidung des Einwanderers hat. Auch in den Daten des SOEP finden sich auf diese Weise überprüfbare Angaben zum Freizeitverhalten.

Falls Heimattransfers auf Motive der Rückzahlung eines Ausbildungskredits vor der Auswanderung zurückführbar sind, sollten sie jeweils positiv vom Vorliegen eines Schulbesuchs im Ausland und von der Ausbildungsdauer des Migranten abhängen. Anhand der zweiten Größe, mit der auch indirekt eine Aussage über den erworbenen Bildungsabschluss des Ausländers möglich ist, kann bei einem positiven Einfluss auf die Transferentscheidung gleichzeitig gemäß dem Ansatz von Lucas und Stark (1985) auf eine höhere Investition der Familie in das Humankapital dieser Person geschlossen werden. Während Clark und Drinkwater (2001) eine höhere Überweisungswahrscheinlichkeit für den Fall eines ausländischen Schulbesuchs feststellen, kommen Merkle und Zimmermann (1992) zu einem gegensätzlichen Ergebnis, ohne dieses allerdings weiter zu interpretieren. Für die Ausbildungsdauer stellt Funkhouser (1995) fest, dass sie zwar negativ mit der Wahrscheinlichkeit einer Heimatüberweisung korreliert ist, doch transferieren höher qualifizierte Auswanderer größere Beträge. Diese Ergebnisse sind jedoch möglicherweise durch ein höheres Einkommen der Migranten erklärbar, welches nicht als Variable in der Schätzung von Funkhouser enthalten ist. Daher ist vorab nicht klar, inwieweit die Dauer der Ausbildung bei Einbeziehung des Einkommens Relevanz besitzt.

Üblicherweise wird in Analysen der Heimatüberweisungen auch das Alter als eine signifikante Einflussgröße genannt, obwohl dessen Effekt aus theoretischer Sicht nicht eindeutig ist. Einerseits könnte mit zunehmendem Alter etwa im Hinblick auf eine bevorstehende Rückkehr in die Heimat oder durch ein höheres Einkommen mehr Geld transferiert werden. Auf der anderen Seite steht jungen, kinderlosen Haushalten möglicherweise insgesamt mehr Geld zur Verfügung. Sowohl Merkle und Zimmermann (1992) als auch Clark und Drinkwater (2001) stellen für den Verlauf der Rimessenfunktion mit zunehmendem Alter eine invertierte U-Kurve fest.

Eine weitere, bisher in der Literatur nicht getestete Variable ist die Sorge der Ausländer bezüglich der Fremdenfeindlichkeit im Gastland. Das Anwachsen solcher Tendenzen könnte ebenfalls zu einer Erhöhung der Rimessenzahlungen führen.

Im Rahmen der Erläuterungen zum Altruismus wurde in Kapitel 3 auf die Möglichkeit kultureller Unterschiede im Transferverhalten hingewiesen. Clark und Drinkwater stellen einen statistisch signifikanten Einfluss der Nationalität eines Haushalts auf die Überweisungen in die Heimat fest. Auch Merkle und Zimmermann (1992) vermuten im Rahmen ihrer Untersuchung für Deutschland eine bedeutsame Unterscheidung türkisch-stämmiger Haushaltsvorstände von denen übriger Nationen.

Weiterhin lässt sich aufgrund der bisherigen Ausführungen vor allem zu dem Motiv des Eigeninteresses ein positiver Zusammenhang zwischen den Rimessenzahlungen und dem Bestehen eines Rückkehrwunsches des Migranten in die Heimat annehmen. Dieser wird bereits von Brown (1997) für Immigranten in Australien bestätigt.

Eine letzte Hypothese bezieht sich auf den Einfluss der Aufenthaltsdauer auf die Transfers. Hier sind sowohl die modelltheoretischen als auch die vorliegenden empirischen Aussagen widersprüchlich. Während nach einem anfänglichen Anstieg der Zahlungen später aufgrund der geringer werdenden sozialen Nähe im Zeitablauf auch zurückgehende Heimatüberweisungen erwartet werden, lehnt Poirine (1997) diese so genannte „remittance decay hypothesis" mit dem Hinweis auf mehrere Kreditvereinbarungen innerhalb der Familie ab. Einen Rückgang der Rimessen im Zeitablauf stellen alle bisher genannten empirischen Arbeiten fest. Dennoch zeigt etwa Brown (1997), dass der vermutete Verlauf der Rimessenfunktion als invertierte U-Kurve in dem von ihm verwendeten Datensatz keinesfalls signifikant ist. Genauso lehnt Funkhouser (1995) diese Hypothese ab. Doch auch der von Poirine (1997) vorhergesagte M-förmige Verlauf wurde bisher nicht bestätigt.

Es ist anzumerken, dass einige weitere Variablen getestet wurden, die hier allerdings aufgrund unbefriedigender Ergebnisse nicht vorgestellt werden. So können beispielsweise keine Aussagen hinsichtlich der Einkommensunsicherheit im Gastland gemacht werden, da die verwendeten Variablen, vor allem der Erwerbsstatus, die Dauer des Beschäftigungsverhältnisses und die Zahl der Arbeitslosen im Haushalt, sehr stark mit dem Haushaltseinkommen aber auch mit dem Alter korrelierten.

Im Anschluss an die Aufstellung der Hypothesen zu den erwarteten Effekten der einzelnen Größen, wird nun auf die Bildung dieser Variablen aus den vorliegenden Paneldaten eingegangen. Ein großer Teil der Faktoren wird dabei zwar zuerst individuell für jedes Haushaltsmitglied gebildet, jedoch anschließend aus den bei der Datenerhebung genannten Problemen auf Haushaltsebene zusammengefasst. Die Tabelle 3 im Anhang liefert eine genaue Beschreibung der Erzeugung und der Aussagen der einzelnen Größen. Zusätzlich sind in der Tabelle 4 die deskriptiven Merkmale der Variablen angegeben, wobei bereits im Hinblick auf die beiden unterschiedlichen ökonometrischen Ansätze die überweisenden Haushalte als reduzierte Stichprobe gesondert dargestellt werden.

Die Werte zum Haushaltseinkommen ergeben sich aus der Summe der individuellen Bruttoeinkommen zuzüglich einiger haushaltsspezifischer Zahlungen, wie etwa Kinder- oder Wohngeld. Die so gebildeten Summen weichen teilweise erheblich von dem als Bruttowert in dem Datensatz angegebenen Haushaltseinkommen ab, wobei eine größere Genauigkeit der hier gewählten Methode gegenüber den generierten Zahlen vermutet wird.[35]

Die ebenfalls auf das Transferpotenzial der Migranten abzielende Anzahl der Personen im Haushalt wird als generierte Variable in den Paneldaten angegeben.

Um zwischen verwandtschaftlichen Beziehungen unterscheiden zu können, wurden Dummyvariablen für Eltern, Kinder bzw. Partner und sonstige Verwandte in der Heimat gebildet. Da diese Größen auf Haushaltsebene zusammengefasst sind, ist eine Doppelerfassung von Personen im Ursprungsland nicht ausgeschlossen und wird nur teilweise durch die Zahl der

---

[35] Die Bruttobeträge werden sowohl aufgrund fehlender Angaben zu Steuerzahlungen der Haushalte im Jahre 1996 als auch wegen der vermuteten Ungenauigkeiten des vorliegenden Datensatzes bei den generierten Zahlen dem Nettoeinkommen vorgezogen.

Personen im Haushalt ausgeglichen. Dennoch besitzen diese Variablen weiterhin eine ausreichende Aussagekraft. Die deskriptiven Daten in der Tabelle 4 zeigen, dass überweisende Haushalte mit einer höheren Wahrscheinlichkeit Angehörige der verschiedenen verwandtschaftlichen Kategorien im Ausland haben.

Mit der Zahl der eingewanderten Personen im Haushalt werden vor allem auch die Fälle einbezogen, in denen zwar nicht der Haushaltsvorstand, wohl aber andere Familienmitglieder nicht in Deutschland geboren wurden. Während Clark und Drinkwater (2001) die absolute Zahl der eingewanderten Personen im Haushalt als Regressor verwenden, wird hier jedoch der Anteil der Immigranten an der Zahl der Befragten als Grad des Altruismus ermittelt. Dem liegt die Überlegung zugrunde, dass ein einzelner Einwanderer in einem großen Haushalt weniger Einfluss auf die Entscheidungen der Familie haben könnte, als dies in sehr kleinen Familien der Fall ist. Ferner korreliert die Zahl der Einwanderer sehr stark mit der ebenfalls einbezogenen Gesamtzahl der Haushaltsmitglieder.[36]

Die von Clark und Drinkwater vermutete Ablesbarkeit der altruistischen Grundeinstellung anhand des Freizeitverhaltens wird durch die Frage nach der Regelmäßigkeit, mit der der Proband Freunden, Verwandten oder Nachbarn hilft, überprüft. Die modellierte Dummyvariable nimmt den Wert 1 an, wenn die Mehrheit der Haushaltsmitglieder regelmäßig anderen Personen hilft.

In ähnlicher Weise wird die binäre Variable zur ‚durchschnittlichen' Sorge des Haushalts über die Situation der Ausländer in Deutschland gebildet, welche dann mit dem Wert 1 codiert ist, wenn die Mehrheit der im Haushalt lebenden Ausländer zumindest einige Sorgen in der Befragung angegeben hat. Für die beiden zuletzt vorgestellten Faktoren ergibt sich aufgrund der Zusammenfassung individueller Angaben ein gewisser Informationsverlust, welcher bei der Interpretation der Ergebnisse zu berücksichtigen ist.

Ebenfalls als Dummyvariable wird die Frage nach dem Schulbesuch eines Haushaltsmitgliedes im Ausland dargestellt. Die deskriptiven Daten zeigen, dass in nahezu 75 Prozent aller Haushalte mindestens eine Person eine ausländische Ausbildung erhalten hat. Dieser Wert wird jedoch noch um 15 Prozentpunkte von der auf die überweisenden Haushalte beschränkten Stichprobe übertroffen. Eine weitere, inhaltlich eng mit dieser Größe verbundene Variable gibt die durchschnittliche Bildungsdauer der ausländischen Haushaltsmitglieder an.

---

[36] Clark und Drinkwater (2001) verzichten auf die Haushaltsgröße und schließen damit auch Effekte ein, die sich aus der gesamten Personenzahl ergeben und bereits oben beschrieben wurden.

Entsprechend dem Vorgehen von Clark und Drinkwater ist auch das Alter auf Haushaltsebene berechnet, wobei lediglich die antwortenden Erwachsenen einbezogen werden können. Dies erschwert allerdings die in Kapitel 5 folgende Interpretation der Ergebnisse, da der Durchschnittswert keine Aussagen über die altersmäßige Zusammensetzung des Haushalts zulässt. Weiterhin wird das Quadrat der Altersangabe benutzt, um mögliche nicht-lineare Tendenzen und gegenläufige Effekte feststellen zu können. Mit Hilfe dieser Größe lässt sich zusätzlich das Durchschnittsalter bestimmen, bei welchem der Überweisungsbetrag maximiert wird.

Eine Kategorisierung der Nationalitäten erfolgt gemäß den Angaben in den Tabellen 2 und 3 des Anhangs.[37] Die Gewichtung der einzelnen Ausländergruppen innerhalb der Stichprobe entspricht dabei sehr genau den von Werner (2001) angegebenen Anteilen dieser Nationalitäten an der Gesamtbevölkerung in Deutschland.

Des Weiteren zeigen die Angaben in der Tabelle 4b, dass die binär codierte Variable des Besuchs eines Ausländers in der Heimat während der vergangenen 2 Jahre sowohl in der großen als auch in der eingeschränkten Stichprobe in über 90 Prozent der Fälle den Wert 1 annimmt. Hingegen ist die Wahrscheinlichkeit des Vorliegens eines Rückkehrwunsches in die Heimat für überweisende Hauhalte deutlich höher als in der Gesamtstichprobe. Auch hier nimmt die Dummyvariable dann den Wert 1 an, wenn mindestens ein ausländisches Haushaltsmitglied einen derartigen Wunsch hegt.

Die dritte, auf die eingeschränkte Stichprobe bezogene Variable gibt die Aufenthaltsdauer des zuletzt ins Gastland eingewanderten Haushaltsmitglieds an und stellt somit eine der wenigen individuellen Größen in dieser Studie dar. Dieser Modellierung liegt die Überlegung zugrunde, dass die zuletzt eingewanderte Person am Besten als Indikator für die soziale Nähe des gesamten Haushalts zur Heimat dient.

Mit Hilfe des vorgestellten Datensatzes und der daraus gebildeten Variablen lässt sich nun die Rimessenfunktion schätzen. Die vorgestellten Größen ersetzen dabei die Argumente in der am Anfang dieses Kapitels vorgestellten Funktion. Der letzte Abschnitt dieses Kapitels erläutert die ökonometrische Modellierung dieser Schätzung.

---

[37] Auf die Zuordnung der Haushalte zu den einzelnen Nationalitäten ist bereits in Abschnitt 4.1 im Rahmen der Stichprobenbildung eingegangen worden.

4.3 Ökonometrische Modellierung

Die in Kapitel 3 diskutierten theoretischen Modelle unterscheiden in der Regel nicht zwischen Faktoren, die die Transferwahrscheinlichkeit beeinflussen, und solchen, welche die Höhe der Überweisungsbeträge bestimmen. Frühere empirische Arbeiten hierzu tragen der Tatsache kaum Rechnung, dass nicht alle ausländischen Haushalte Heimattransfers tätigen und somit eine diskrete abhängige Variable mit dem Wert Null zugewiesen bekommen, während diese Variable für überweisende Haushalte stetigen Charakter besitzt. Einige Studien nationaler Transfers, wie beispielsweise die Arbeiten von Johnson und Whitelaw (1974), Rempel und Lobdell (1978) oder Lucas und Stark (1985), ignorieren diesen Umstand bei ihrer Schätzung einer Rimessenfunktion mit Hilfe der Kleinstquadrate-Methode (OLS) völlig. Andere Autoren, wie etwa Knowles und Anker (1981), versuchen dem Problem dadurch gerecht zu werden, dass sie ihre Stichprobe auf die Beobachtungen beschränken, für die positive Überweisungsbeträge vorliegen. In beiden Fällen ergeben sich jedoch inkonsistente OLS Schätzer, welche die jeweiligen Ergebnisse verzerren. Im ersten Abschnitt werden die Ursachen hierfür bei der Anwendung auf die Gesamtstichprobe erklärt. Im zweiten Teil wird ein Alternativvorschlag für die Verwendung des reduzierten Samples vorgestellt.

4.3.1 Das zensierte Tobit-Modell

Eine allgemeine Form der Rimessenfunktion ergibt sich als

$$R_i^* = \mathbf{X_i'}\boldsymbol{\beta} + \varepsilon_i^* , \tag{8}$$

mit $\boldsymbol{\beta}$ als einem zu schätzenden Vektor unbekannter Koeffizienten, $\mathbf{X_i'}$ als Vektor von vermuteten Einflussfaktoren auf die Transfers des Individuums i und ε_i^* als normalverteilten Störterm mit dem Mittelwert 0 und der Varianz σ^2. In dieser Gleichung ist R_i^* eine partiell latente Variable, welche gemäß Liu und Reilly (1999) die ‚Überweisungsneigung' („propensity to remit") des i-ten Haushalts angibt. Allerdings kann nur der vom Migranten überwiesene Betrag R_i beobachtet werden, für den dann gilt:

$$R_i = R_i^*, \text{ falls } \mathbf{X_i'}\boldsymbol{\beta} + \varepsilon_i > 0$$

und $R_i = 0$, falls $\mathbf{X_i'}\boldsymbol{\beta} + \varepsilon_i \leq 0$. $\tag{9}$

Ein Transferbetrag von Null wurde im vorliegenden Datensatz für 825 der 1065 betrachteten Haushalte beobachtet.[38] Die Summe der Rimessen würde dann negativ werden, wenn der Haushalt mehr Zahlungen aus dem Ausland erhält, als er selbst leistet. Die abhängige Variable ist in der vorliegenden Arbeit jedoch als Brutto-Zahlung modelliert worden, so dass hierbei von ‚links-zensierten Daten' gesprochen wird. Die bereits vorgestellte Rimessenfunktion lässt sich damit als

$$R_i = \mathbf{X_i'}\boldsymbol{\beta} + \varepsilon_i \tag{10}$$

schreiben. Dabei führt jedoch die Verwendung der Kleinstquadrate-Methode zu verzerrten Ergebnissen, denn die bei diesem Schätzverfahren wesentliche Annahme eines Erwartungswertes von Null für den Störterm ε_i ist verletzt. Da die abhängige Variable R_i an der Stelle Null nach unten begrenzt ist, gilt dies auch für den Störterm, welcher somit von dem tatsächlichen Wert, ε_i^*, abweicht. Sofern die Stichprobe nicht ausschließlich aus nicht-überweisenden Haushalten besteht, kommt es bei der Kleinstquadrate-Schätzung zu inkonsistenten Ergebnissen.[39] Dieses Problem wird in der Literatur durch die Verwendung eines Tobit-Modells gelöst.

Die obige Darstellung in den Gleichungen (9) liefert Informationen, die unter der Annahme unabhängig verteilter Beobachtungswerte die folgende Likelihoodfunktion ergibt:

$$L = \prod_{R_i=0}[1-\Phi(\mathbf{X_i'}\boldsymbol{\beta}/\sigma)]\prod_{R_i>0}\sigma^{-1}\varphi[(R_i - \mathbf{X_i'}\boldsymbol{\beta})/\sigma] \ , \tag{11}$$

wobei $\Phi(\bullet)$ die Verteilungsfunktion und $\varphi(\bullet)$ die Dichtefunktion der Standardnormalverteilung angeben. Das von dieser Likelihoodfunktion beschriebene Modell wird aufgrund der vorliegenden Datenstruktur als zensiertes Tobit-Modell bezeichnet.[40]

Dieser Ansatz macht es nun möglich, die Varianz σ^2, beziehungsweise die Standardabweichung σ, aus dem zweiten Ausdruck zu schätzen, da der Term R_i/σ mit dem Index i variiert. Hierbei kann die Varianz als ein Skalierungsparameter des Störterms in der Gleichung (10) aufgefasst werden. Daher ist es nun durch die Verwendung des Tobit-Modells möglich, die

---

[38] Da allerdings 6 Haushalte zwar eine Überweisungsentscheidung aber nicht deren Höhe angegeben haben, erhöht sich in der späteren Datenbearbeitung diese Zahl weiter.

[39] Die geschätzten Koeffizienten sind, so bemerkt Hoddinott (1992), in Richtung Null verzerrt.

[40] Amemiya (1984) klassifiziert diesen Ansatz in seinem umfassenden Überblick über verschiedene Tobit-Modelle als Standard Tobit-Modell oder auch Tobit Typ 1.

Ursache für die inkonsistenten Ergebnisse der OLS Schätzung auszugleichen und mit Hilfe der Maximum Likelihood Methode (ML) unverzerrte Parameter zu schätzen.[41] Wird nun der Index i im Ausdruck (11) fallen gelassen, so ergibt sich gemäß Greene (2000, S. 908) der Erwartungswert der überwiesenen Beträge im zensierten Tobit-Modell für einen zufällig ausgewählten Haushalt als

$$E[R_i \mid \mathbf{X_i}] = \Phi(\mathbf{X_i'\beta}/\sigma)(\mathbf{X_i'\beta} + \sigma\lambda_i) \text{ mit } \lambda_i = \frac{\varphi(\mathbf{X_i'\beta}/\sigma)}{\Phi(\mathbf{X_i'\beta}/\sigma)}. \tag{12}$$

Durch die Verwendung eines Tobit-Modells zur Analyse von Transferentscheidungen werden die Entscheidung zur Überweisung und die Bestimmung der entsprechenden Höhe implizit als ein simultaner Prozess angenommen. So spricht Brown (1997) beispielsweise von der Analyse der „remittance behavior", um beide Entscheidungen begrifflich miteinander zu vereinen. Durch die Möglichkeit der Berücksichtigung aller Haushalte in der Stichprobe kommt es dabei nicht zu einem ‚Selektivitäts-Bias' (selectivity bias), wie er im nächsten Abschnitt beschrieben wird.

In anderen Beiträgen, etwa von Hoddinott (1992) oder Liu und Reilly (1999), werden die Annahmen des Tobit-Modells als zu restriktiv eingestuft, da durch die beschriebene Einstufigkeit der Entscheidung jede exogene Variable zwangsläufig denselben Einfluss sowohl auf die Überweisungswahrscheinlichkeit als auch auf die Höhe des Transfers haben muss. Es ist jedoch denkbar, dass Faktoren zwar auf die Entscheidung zur Überweisung einwirken, deren Summe jedoch nicht beeinflussen. Aus dieser Argumentation heraus resultiert der Vorschlag der Modellierung eines zweistufigen Prozesses.

4.3.2 Heckmans zweistufiges Schätzverfahren

Von Heckman (1976, 1979) stammt der Vorschlag eines zweistufigen Schätzers als Alternative zu dem restriktiveren Tobit-Modell. Bei der Reduzierung der Stichprobe auf Haushalte mit positiven Überweisungsbeträgen kommt es durch die Auswahl der Beobachtungen bei der OLS Schätzung zu einem so genannten ‚Selektivitäts-Bias', welcher durch die Berücksichtigung eines in einem ersten Schritt zu bestimmenden, zusätzlichen Regressors korrigiert werden muss. Dieses Vorgehen, welches erstmals von Banerjee (1984) für die Analyse von Heimatüberweisungen verwendet wurde, findet heute vermehrt Verwendung. Beispiele hierfür

---

[41] Vgl. etwa die Ausführung Hoddinotts (1992). Ronning (1991, S. 128ff.) erläutert für das Tobit-Modell die Überlegenheit der ML Schätzung gegenüber der Kleinstquadrate-Schätzung.

finden sich in den Arbeiten von Hoddinott (1992, 1994), Funkhouser (1995) oder Liu und Reilly (1999), die das zweistufige Verfahren den Ergebnissen des Tobit-Modells vergleichend gegenüberstellen und einige Unterschiede betonen.

Zur Darstellung der Hauptcharakteristika des Ansatzes sei folgendes Modell gegeben:[42]

$$\begin{bmatrix} R_i^* \\ Z_i^* \end{bmatrix} = \begin{bmatrix} \mathbf{X}_i'\boldsymbol{\beta} \\ \mathbf{W}_i'\boldsymbol{\gamma} \end{bmatrix} + \begin{bmatrix} \varepsilon_i \\ \upsilon_i \end{bmatrix} \quad , \quad \begin{bmatrix} \varepsilon_i \\ \upsilon_i \end{bmatrix} \sim NID\left(\mathbf{0}, \begin{bmatrix} \sigma^2 & \rho\sigma \\ \rho\sigma & 1 \end{bmatrix} \right), \tag{13}$$

in dem der obere Ausdruck der Gleichung (10) entspricht, während die untere Gleichung einen Vektor, $\mathbf{W}_i'$, exogener Variablen enthält, welcher sich in mindestens einem Element vom Vektor $\mathbf{X}_i'$ unterscheidet. Weiterhin sind $\boldsymbol{\beta}$ und $\boldsymbol{\gamma}$ die Vektoren der unbekannten Parameter, während σ wie in der Funktion (11) die Standardabweichung des Störterms ε_i angibt und ρ die Korrelation zwischen ε_i und υ_i darstellt.[43] Die abhängige Variable Z_i^* nimmt bei Vorliegen einer Überweisungsentscheidung den Wert 1 an, während sie in den anderen Fällen gleich Null ist. Das Verhältnis zwischen den tatsächlich beobachtbaren Variablen R_i und Z_i lässt sich damit wie folgt beschreiben:

$Z_i = 1$, falls $Z_i^* > 0$; $Z_i = 0$ sonst;

$R_i = R_i^*$, falls $Z_i = 1$; $R_i = 0$ sonst. $\tag{14}$

Damit sind nun zwei Situationen unterscheidbar: Entweder liegt keine Überweisung vor, so dass beide Variablen den Wert 0 zugewiesen bekommen, oder es kann eine Transferzahlung beobachtet werden, wodurch $Z_i = 1$ und $R_i = R_i^*$ gilt.

Gemäß Greene (2000, S. 929) ist der bedingte Erwartungswert der abhängigen Variable R_i, wenn diese vollständig beobachtet wird ($Z_i = 1$):

$$E[R_i \mid \mathbf{X}_i, Z_i = 1] = \mathbf{X}_i'\boldsymbol{\beta} + \rho\sigma \frac{\varphi(\mathbf{W}_i'\boldsymbol{\gamma})}{\Phi(\mathbf{W}_i'\boldsymbol{\gamma})}. \tag{15}$$

Wie Greene weiter erläutert, führt in diesem Fall eine OLS Schätzung mit den hierfür zur Verfügung stehenden Daten zu einem inkonsistenten und verzerrten Schätzer des Vektors $\boldsymbol{\beta}$,

---

[42] Dieses Modell ist in Teilen den Arbeiten von Davidson und MacKinnon (1993, Kap. 15.8) sowie Greene (2000, Kap. 20.4) entnommen.

[43] Die Varianz des Störterms υ_i ist gleich 1 gesetzt worden, da im Folgenden lediglich das Vorzeichen von Z_i^* beobachtet wird.

da der bedingte Erwartungswert des Störterms für den Fall des Vorliegens einer Korrelation der einzelnen Störterme, $\rho \neq 0$, von Null abweicht. Das Vorliegen einer solchen *Selektions-verzerrung* ist für die betrachtete Fragestellung aufgrund der möglichen Korrelation wahrscheinlich.

Hoddinott (1992) erläutert, dass es sich auch bei allen im Gastland lebenden Ausländern um eine ausgewählte Gruppe der Gesamtbevölkerung ihrer entsprechenden Länder handelt. Damit müsste ein zweiter Selektivitäts-Bias für alle eingewanderten Ausländer berücksichtigt werden, doch ist dies aufgrund fehlender Informationen zur Bevölkerung im jeweiligen Heimatland nicht möglich.

Heckman (1976, 1979) schlägt nun vor, in die Regression den Korrekturterm aus der Gleichung (15) aufzunehmen. Damit erhält man die Regressionsgleichung

$$R_i \mid Z_i{=}1 \ = \mathbf{X_i'\beta} + \beta_\lambda\,\lambda_i + u_i\,, \tag{16}$$

wobei $\lambda_i = \varphi(\mathbf{W_i'}\gamma)\,/\,\Phi(\mathbf{W_i'}\gamma)$ und dessen Schätzer $\beta_\lambda = \rho\sigma$ ist.

Es ist jetzt möglich, mit Hilfe der ML Methode in einem ersten Schritt durch die Schätzung eines binären Probit-Modells der unteren Gleichung aus (13) einen Schätzwert für γ zu erhalten. Bei diesem, für binär codierte Variablen üblichen Ansatz wird für die Verteilungsfunktion und damit auch für den Störterm eine Normalverteilung angenommen.[44] Für jede Beobachtung der reduzierten Stichprobe kann daraus dann

$$\hat{\lambda}_i = \frac{\varphi(\mathbf{W_i'}\hat{\gamma})}{\Phi(\mathbf{W_i'}\hat{\gamma})} \tag{17}$$

geschätzt werden, welches als *invertiertes Mills-Verhältnis* („inverse Mills ratio') bezeichnet wird. Im zweiten Schritt wird dieser Term als zusätzliche Variable in die OLS Regression der Gleichung (16) zur Schätzung von $\boldsymbol{\beta}$ und β_λ einbezogen. Zu beachten ist, dass jetzt trotz der reduzierten Stichprobe unverzerrte Schätzer erreicht werden.

Die Vorteile des zweistufigen Ansatzes ergeben sich aus der Möglichkeit, die unterschiedlichen Einflüsse der exogenen Variablen auf die Überweisungswahrscheinlichkeit auf der einen

---

[44] Vgl. etwa Maddala (1992, Kap.8.9) für eine knappe Einführung in diesen Ansatz. Lee (1983) zeigt, dass alternativ auch das Logit-Modell, bei dem eine logistische Verteilung angenommen wird, verwendet werden könnte. Das Probit-Modell wird jedoch heute in dem hier betrachteten Zusammenhang standardmäßig verwendet. Ferner führte auch die Anwendung des Logit-Modells zu den gleichen Ergebnissen.

und auf die Höhe des Transferbetrages auf der anderen Seite zu bestimmen. Dem gegenüber steht als schwerwiegender Nachteil des Modells die Notwendigkeit der Identifizierung mindestens einer Größe, welche zwar im ersten Schritt einen signifikanten Einfluss auf die binäre Variable und damit auf die Wahrscheinlichkeit eines Transfers besitzt, jedoch im zweiten Schritt für die Bestimmung der Überweisungshöhe keine Rolle spielt. Dies wird, wie etwa Maddala (1986, S. 229f.) oder Davidson und MacKinnon (1993, S. 544) erklären, durch die Aufnahme des invertierten Mills-Verhältnisses als weiterer Regressor in der zweiten Regressionsgleichung notwendig, um eine Unterbestimmung des Modells zu verhindern.[45] Gleichzeitig werden die Schätzergebnisse durch die Auswahl dieser zu streichenden Variablen in unterschiedlicher Weise beeinflusst. Somit stellt deren Identifizierung eine wichtige aber auch äußerst schwierige Aufgabe dar. Hoddinott (1992) verdeutlicht dies anhand verschiedener Auswahlverfahren und ihrer Auswirkungen auf die Einkommenselastizität der Rimessen. Aus diesem Grund wird zumindest in der ökonometrischen Literatur das Tobit-Modell vorgezogen. So schließt etwa Ronning (1991, S. 133) seine Erläuterungen zum zweistufigen Ansatz mit der Feststellung, dass „es wenig sinnvoll [ist], dieses zweistufige Verfahren, das sowohl eine Kleinstquadrate-Schätzung als auch eine Probit-Schätzung erfordert, zu verwenden, sofern ein Programm für die ML-Schätzung [des Tobit-Modells] zur Verfügung steht." Ferner fehlt, wie bereits erwähnt, eine theoretische Begründung für diese Aufteilung der Entscheidung.

Bei näherer Betrachtung erweisen sich diese Argumente jedoch als durchaus kritisch. Die Literatur zur technischen Anwendung und Bewertung der beiden Verfahren berücksichtigt nicht die Möglichkeit der oben beschriebenen, verschiedenen Auswirkungen der Einflussfaktoren. Es lassen sich unschwer Erklärungsansätze für eine solche Trennung finden, wobei bisher lediglich eine gemeinsame theoretische Grundlage fehlt.[46] Die Annahme derart gegenläufiger Effekte wird durch die Ergebnisse von Hoddinott (1992), Funkhouser (1995) und Liu und Reilly (1999) unterstützt, welche die Aussagen des Tobit-Modells mit den Resultaten des zweistufigen Ansatzes vergleichen und signifikante Unterschiede feststellen, aus denen sie die Notwendigkeit zur Trennung der Entscheidungen ableiten.

---

[45] Bei Maddala (1986, S.228ff.) finden sich weitere, sehr verständliche Erläuterungen zu zweistufigen Schätzungen zensierter Daten und auch zum Ansatz von Heckman (1976, 1979).
[46] Hoddinott (1992) argumentiert beispielsweise, dass im Rahmen nationaler Transfers die räumliche Distanz zwischen dem Migranten und seiner Familie die Überweisungswahrscheinlichkeit beeinflussen könnte, während daraus nicht unbedingt ein Effekt auf die Transfersumme abzuleiten ist. Andere Beispiele sind denkbar.

Lin und Schmidt (1984) formulieren eine ‚Likelihood Ratio Statistic' (*LRS*), anhand derer die Restriktionen des Tobit-Ansatzes bewertet werden können. Durch diesen Test wird ermittelt, ob sich ein zensiertes Tobit-Modell den vorliegenden Daten besser anpasst als ein einfaches Probit- und ein abgeschnittenes Tobit-Modell (truncated tobit). Der letztgenannte Ansatz verwendet lediglich die nicht-beschränkten Beobachtungen der Stichprobe, wobei $R_i > 0$ im vorliegenden Modell eine solche Grenze bestimmt.

Gemäß Greene (2000, S. 915) ist dieser Test wie folgt definiert:

$$LRS = -2\ [\log L_T - (\log L_P + \log L_{TR})],$$

wobei $\log L_T$ den Log-Likelihood des Tobit-Modells, $\log L_P$ den des Probit-Modells und $\log L_{TR}$ den entsprechenden Wert für das abgeschnittene Tobit-Modell darstellt.[47] Die *LRS* folgt einer Chi-Quadrat-Verteilung mit $n-1$ Freiheitsgraden, wobei n die Anzahl der Regressoren im Modell angibt. Die Ablehnung der Hypothese, dass alle Regressoren denselben Effekt sowohl auf die Wahrscheinlichkeit als auch auf die Höhe der Überweisung haben, bedeutet eine Ablehnung des zensierten Tobit-Modells und die Notwendigkeit einer separierenden Modellierung.

Die in Kapitel 5 vorgestellten Ergebnisse basieren auf beiden Ansätzen. Ein derartiges, vergleichendes Nebeneinander ist, wie bereits erwähnt, in der aktuellen Literatur nicht unüblich.[48]

Die hier angesprochenen ökonometrischen Schätzungen wurden in dieser Arbeit mit Hilfe des statistischen Computerprogramms EViews, Version 3.1, durchgeführt. Dieses Programm liefert ausreichend viele Möglichkeiten, um die der jeweiligen Problemstellung angemessenen Tests durchzuführen. Jedoch wurde aufgrund der größeren Anwenderfreundlichkeit zur Bildung und deskriptiven Auswertung der Variablen auf das System SPSS für Windows, Version

---

[47] Greene (2000, Kap. 20.2) gibt detaillierte Erläuterungen zu Modellen mit abgeschnittenen abhängigen Variablen und entsprechenden Regressionsmodellen.

[48] Die gleichzeitige Anwendung eines Probit- und eines Tobit-Modells, wie etwa durch Clark und Drinkwater (2001), ist aufgrund der gerade geschilderten Eigenschaften der Ansätze überflüssig, da hier das Tobit-Modell ausreichen würde. Die Autoren rechtfertigen ihr Vorgehen deshalb auch mit fehlenden Informationen bezüglich der Überweisungsbeträge.

10.0.7S, zurückgegriffen.[49] An verschiedenen Stellen des nachfolgenden Abschnitts und Kapitels wird auf das Vorgehen der Programme bei den einzelnen Schätzungen hingewiesen.

Im Folgenden wird nun auf die Erhebung und Auswertung des vorliegenden Datensatzes und die möglichen Probleme und Beschränkungen eingegangen.

---

[49] Natürlich handelt es sich hierbei lediglich um eine subjektiv empfundene Anwenderfreundlichkeit. Anmerkung des Verfassers.

5. Empirische Ergebnisse

Die beiden in Kapitel 4.3 erläuterten ökonometrischen Modelle ermöglichen verschiedene Schätzungen der Rimessenfunktion und damit eine Überprüfung der Relevanz der in ihr als Argumente enthaltenen und ebenfalls in Kapitel 4 beschriebenen Variablen für die Überweisungswahrscheinlichkeit und die Höhe der Transferzahlung. Die sich aus den beiden Ansätzen ergebenden Regressionsergebnisse werden im Folgenden vorgestellt und interpretiert. Dabei geht der erste Teil des Kapitels auf die binäre Entscheidung zur Heimatüberweisung ein. Sowohl mit Hilfe des Probit-Modells als auch durch die Schätzung eines zensierten Tobit-Modells lassen sich die für die einzelnen Einflussgrößen formulierten Hypothesen überprüfen. Das erstgenannte Modell stellt gleichzeitig den ersten Schritt des zweistufigen Ansatzes nach Heckman (1976, 1979) dar, wobei es in dieser Arbeit allerdings vornehmlich dem Vergleich zwischen den beiden Ansätzen dient. Gleichzeitig sind aufgrund der Ergebnisse des Tobit-Modells auch Aussagen in Bezug auf die Höhe des Überweisungsbetrages möglich. Dabei bedeutet jedoch die wesentliche, dem Modell zugrunde liegende Annahme eines gleichgerichteten Einflusses aller Variablen auf die beiden endogenen Größen eine unter Umständen zu restriktive Beschränkung. Daher wird im zweiten Teil des Kapitels auf die Resultate der im zweistufigen Ansatz enthaltenen OLS Schätzung unter der Berücksichtigung des Selektivitäts-Bias eingegangen. Hier lassen sich einige Unterschiede in der Relevanz verschiedener Einflussgrößen auf die beiden abhängigen Variablen feststellen.

Im Vordergrund der empirischen Analyse steht jedoch weniger die Formulierung eines Modells zur umfassenden Erklärung der beobachtbaren Transferentscheidung. Dies ist aufgrund der alleinigen Fokussierung auf einige Charakteristika der Senderhaushalte nicht möglich. Stattdessen werden die aus den theoretischen Modellen abgeleiteten Hypothesen bezüglich der Effekte der einzelnen Variablen überprüft. Dabei geben einerseits die Vorzeichen der geschätzten Koeffizienten Auskunft über die Richtung des Einflusses, während andererseits die Signifikanzniveaus Aussagen zum Umfang der Einwirkung sowohl auf die Überweisungswahrscheinlichkeit als auch auf die Transferhöhe haben.[50] Dieses Vorgehen hat allerdings zur Folge, dass auch eine Reihe nicht-signifikanter Größen in der Schätzung verbleiben. Zwar führt dies nicht zu verzerrten Ergebnissen, wie beispielsweise Greene (2000, S. 337f.) erklärt, doch erfolgt die Einbeziehung irrelevanter Variablen auf Kosten der Genauigkeit der anderen

---

[50] Auf die Probleme der Interpretation der jeweiligen Koeffizienten wird im folgenden Abschnitt einleitend eingegangen.

Koeffizienten.[51] Dies wird jedoch vom Verfasser in Kauf genommen, womit die vorliegende Arbeit allen genannten Analysen des internationalen Transferverhaltens folgt. Bisher waren diese allerdings vor allem aufgrund der mit der Datenerhebung verbundenen Probleme nicht in der Lage, die vielschichtigen Überweisungsentscheidungen umfassend zu erklären.

Sowohl für die Schätzung des Tobit-Modells als auch für den zweistufigen Ansatz wird eine Normalverteilung der Residuen angenommen. Dies ist bereits im Abschnitt 4.3 als Voraussetzung genannt worden. Obwohl es sich hierbei um eine kritische Annahme handeln kann, wie etwa Davidson und MacKinnon (1993, S. 537ff. und S. 545) betonen, wird dieser Frage hier nicht weiter nachgegangen. Liu und Reilly (1999) stellen für ihren Datensatz eine Verletzung dieser Annahme fest und schlagen daraufhin Tobit-Schätzungen mit anderen Verteilungsannahmen vor. Zu großen Abweichungen führen sie jedoch nicht. EViews ermöglicht ebenfalls eine ML Schätzung des Tobit-Modells unter der Annahme logistisch verteilter Residuen. Hier finden sich ebenso keinerlei Unterschiede zu den im Folgenden dargestellten Ergebnissen.

5.1 Schätzungen des Probit- und zensierten Tobit-Modells

In den Tabellen 5 und 6 im Anhang sind die Ergebnisse der ML Schätzungen der beiden Modelle dargestellt. Dabei wird weiter unterschieden zwischen Basisvariablen, für die Daten zu allen Haushalten der Stichprobe vorliegen, und ergänzenden Größen, zu welchen aufgrund der mit der Datenerhebung verbundenen Probleme lediglich für einen Teil der Probanden Informationen vorhanden sind. Die Interpretation der Koeffizienten beider Ansätze ist schwierig. In einem binären Modell sind die angegebenen Werte nicht als marginale Veränderungen der abhängigen Variablen aufzufassen. Das Vorzeichen des Koeffizienten gibt jedoch die Richtung der Veränderung der Wahrscheinlichkeit aufgrund der Erhöhung der betrachteten Einflussgröße an, was zusammen mit den ebenfalls angegebenen p-Werten für die Interpretation im vorliegenden Fall ausreicht.[52] Auch für das Tobit-Modell lassen sich die von EViews angegebenen Koeffizienten nicht als marginale Effekte interpretieren, was sich mit dem Charakter des Ansatzes begründen lässt. Wie McDonald und Moffitt (1980) erklären, hat eine Veränderung der exogenen Variablen in zensierten Modellen sowohl einen Einfluss auf den Mittelwert der abhängigen Größe als auch einen Effekt auf die Wahrscheinlichkeit, mit der diese Größe beobachtet werden kann. Obwohl einige Quellen, wie etwa Liu und Reilly (1999) oder

---

[51] Greene (2000, S. 338) erläutert hierzu, dass beispielsweise eine enge Korrelation zwischen der irrelevanten und einer signifikanten Variable die Varianz des Schätzers sehr stark ausdehnen wird.
[52] Greene (2000, S. 824) zeigt eine Möglichkeit zur Berechnung der marginalen Effekte aus den angegebenen Koeffizienten auf.

Simati und Gibson (2001), angepasste Werte präsentieren, genügen auch hier wiederum die Signifikanzniveaus und Vorzeichen der Koeffizienten für eine Interpretation.

Zuerst erfolgt die Vorstellung der Ergebnisse für die Basisvariablen in beiden Ansätzen. Die erste unabhängige Variable bezieht sich auf das Bruttoeinkommen des Haushalts.[53] Die deskriptiven Daten in den Tabellen 4a und 4b zeigen einen mehr als 10 Prozent höheren Mittelwert der Einkommen der überweisenden Haushalte, was mit den Aussagen altruistischer Erklärungsansätze kongruent ist. Dem entspricht auch, dass ein höheres Einkommen auf beide Entscheidungen einen signifikant positiven Einfluss hat.

Dabei ist dieser für die Überweisungshöhe mit einem Signifikanzniveau von unter einem Prozent nochmals stärker als der Effekt auf die Transferwahrscheinlichkeit. Ein derartiger Einfluss wird auch von Merkle und Zimmermann (1992) sowie Clark und Drinkwater (2001) bestätigt. Obwohl diese Aussagen aufgrund fehlender Angaben zu den Empfängerhaushalten nicht überbewertet werden dürfen, so scheinen doch vor allem die Ergebnisse des Probit-Modells erste Hinweise auf altruistische Motive, wie sie vor allem in Kapitel 3.2 erläutert wurden, zu geben. Die Möglichkeit zur Überweisung auch nur geringer Beträge sollte prinzipiell immer gegeben sein, doch ist der Anreiz für Transfers dann größer, wenn der Betrag der Rimessenzahlung in der Heimat für die Familie einen größeren Nutzen stiftet, als es dies im Gastland für den Migranten der Fall wäre.

Aus den vorliegenden Daten ist es weiterhin möglich, die Einkommenselastizität am Stichprobenmittel zu schätzen. Dabei ist der Quotient aus den Mittelwerten des Haushaltseinkommens *HHBrutto* und der Überweisungssumme *HHSumme* mit dem marginalen Effekt einer Einkommenserhöhung auf die Überweisung zu multiplizieren.[54] Da diese marginale Veränderung nicht direkt ablesbar ist, schlagen Liu und Reilly (1999) die Skalierung des im Tobit-Modell geschätzten Einkommenskoeffizienten $\beta_{HHBrutto}$ mit dem unzensierten Anteil der Stichprobe vor, um den Standardfehler einzubeziehen. Es ergibt sich damit für die Einkommenselastizität

$$\varepsilon = \frac{\partial E[HHSumme]}{\partial HHBrutto} \cdot \frac{\overline{HHBrutto}}{\overline{HHSumme}} = \frac{234}{1065} \cdot \beta_{HHBrutto} \cdot \frac{61804,42}{1132,94} = 0,4567.$$

---

[53] Um die resultierenden Koeffizienten lesbarer zu machen, ist das Einkommen mit dem Faktor 10^{-4} multipliziert worden.

[54] Vgl. beispielsweise Greene (2000, S. 359f.) für eine Beschreibung der Schätzung einer Elastizität am Stichprobenmittel.

Dementsprechend führt eine 1%ige Einkommenserhöhung zu einem Anstieg der Überweisungsbeträge um 0,46 Prozent. Neben der Aufzählung einer ganzen Reihe, in anderen Quellen zur nationalen Migration geschätzten Einkommenselastizitäten, berechnen Liu und Reilly aus den Angaben von Brown (1997) Elastizitäten von 0,81 für Tonga und 0,38 für West-Samoa. Insgesamt liegt die hier für Deutschland berechnete Elastizität eher am unteren Ende der verschiedenen, von Liu und Reilly (1999) genannten Werte.

Eine zweite, in beiden Modellen signifikant negative Variable stellt die Anzahl der Personen im Haushalt dar. Hierdurch lassen sich einige Erklärungsansätze bestätigen. Die Haushaltsgröße hat Auswirkungen auf das Haushaltseinkommen und damit auf das Überweisungspotenzial. Während die Studien von Brown (1997) und Simati und Gibson (2001) eine größere Personenzahl im Haushalt mit einem höheren Gesamteinkommen verbinden, scheint sich für Deutschland mit zunehmender Haushaltgröße das Pro-Kopf-Einkommen zu reduzieren. Dies deutet aber wiederum auf einen unterschiedlichen Charakter der betrachteten Haushalte hin. Während Einwandererhaushalte in Australien und Neuseeland offensichtlich eher aus Erwerbstätigen bestehen, scheinen größere Ausländerhaushalte in Deutschland vor allem eine größere Zahl Kinder zu haben.

Des Weiteren haben die einbezogenen verwandtschaftlichen Beziehungen einen jeweils positiven Einfluss auf die beiden abhängigen Variablen. Dabei sind die Effekte von im Ausland lebenden Eltern sowie Kindern und Partnern statistisch signifikant. Wiederum lassen diese Ergebnisse eine Reihe theoretischer Interpretationen zu. Zum einen wird der Grad des Altruismus, welcher in der Gleichung (4) als Gewichtungsfaktor enthalten ist, durch den Verwandtschaftsgrad beeinflusst. Zum anderen findet sich hier auch die Idee eines Ausbildungskredites wieder, wie sie bereits in Kapitel 4.2 für diese Variable vermutet wurde.

Sehr schwierig ist hingegen die Erklärung der Ergebnisse zum Anteil der Immigranten an der Zahl der befragten Erwachsenen im Haushalt. Während ein steigender Quotient in beiden Modellen einen positiven Einfluss auf die endogene Variable besitzt, so ist dieser jedoch nur für die Überweisungshöhe statistisch signifikant und somit ein schwaches Indiz für die Relevanz der sozialen Nähe bei der Bestimmung der Überweisungssumme. An dieser Stelle ist jedoch auch zu bemerken, dass sich die Ergebnisse des Tobit-Modells hier von den Aussagen des Probit-Ansatzes unterscheiden. Damit erscheint wiederum eine zweistufige Modellierung der Transferentscheidung angebracht, um die Wirkung dieser Größe auf die Überweisungshöhe gesondert untersuchen zu können.

Die Behauptung von Clark und Drinkwater (2001), altruistische Einstellungen anhand der Freizeitaktivitäten sichtbar machen zu können, lässt sich hier nicht bestätigen. Die Angaben zur Regelmäßigkeit, mit der Freunden, Nachbarn und Verwandten geholfen wird, haben keinen signifikanten Einfluss auf die Heimatüberweisung. Vielmehr dreht sich sogar das Vorzeichen des geschätzten Koeffizienten in der durch die Einführung zusätzlicher Variablen reduzierten Stichprobe. Der Datensatz enthält einige weitere Angaben zu dem Freizeitverhalten der Probanden, doch auch die Antworten auf die Fragen nach einer ehrenamtlichen Tätigkeit oder dem regelmäßigen Kirchgang stellten keine relevanten Größen dar. Es ist jedoch nochmals die Problematik der Bildung dieser Variablen auf Haushaltsebene zu erwähnen, wodurch möglicherweise einige Informationen verloren gehen. Allerdings führte auch eine genauere Berücksichtigung der Einzelangaben durch eine breitere Kategorisierung der Antworten zu keinen aussagekräftigen Ergebnissen.[55]

Die Angaben zum Schulbesuch eines Haushaltsmitglieds im Ausland sowie zur durchschnittlichen Ausbildungsdauer der Ausländer beziehen sich, wie bereits oben erläutert, in erster Linie auf die Frage nach dem Vorliegen eines Ausbildungskredits bzw. nach Investitionen der Heimatfamilie in das Humankapital des Auswanderers. Beide Variablen haben den erwartet positiven Einfluss auf die endogenen Größen, doch nur die binäre Variable zum Schulbesuch ist auch signifikant. Das Vorliegen eines solchen Besuches ist jedoch notwendige Bedingung für einen Kredit durch die Familie vor der Auswanderung. Dennoch ist zu beachten, dass die Frage nach dem Schulbesuch im Ausland zumindest teilweise auch Angaben zum Vorliegen und zum Zeitpunkt der Einwanderung eines Haushaltsmitgliedes beinhaltet und somit nicht frei von Korrelationen mit anderen Aussagen ist. Dies betrifft sowohl die Tatsache, im Ausland geboren zu sein, als auch die Frage nach dem Alter des Ausländers zum Zeitpunkt der Einwanderung.[56] Eine ähnliche Einschränkung gilt für die Dauer der Ausbildung, welche möglicherweise die Einkommenshöhe des Haushalts beeinflusst.[57] Lucas und Stark (1985) argumentieren, dass die Bildungsdauer nur dann für die Rückzahlung eines Kredits spricht, wenn die Eltern der befragten Person im Ausland leben. Die Verwendung des Produkts aus den Variablen ‚Ausbildungsdauer' und ‚Eltern im Ausland' ergab jedoch keine signifikanten Ergebnisse. Trotz der genannten Einschränkungen können die Resultate der beiden hier unter-

---

[55] Die Befragten hatten die Möglichkeit, genauere Angaben zur Häufigkeit zu machen. Auf Haushaltsebene konnten so mehrere Kategorien gebildet werden, die jedoch keinerlei Signifikanzen aufwiesen.
[56] Die zweite Frage wird in dieser Studie nicht weiter verfolgt, da nicht klar ist, inwiefern das Alter bei der Einwanderung einen bisher unberücksichtigten Einfluss auf die Überweisung haben sollte.
[57] Dieses Argument wurde bereits bei der Kritik an der Nicht-Berücksichtigung des Haushaltseinkommens in der Studie von Funkhouser (1995) angeführt.

suchten Variablen dennoch als Unterstützung der Hypothese der Rückzahlung eines Ausbildungskredits gewertet werden.

Sowohl das Durchschnittsalter als auch dessen Quadrat haben im Probit- und im Tobit-Modell einen signifikanten Einfluss auf die abhängigen Variablen. Die Vorzeichen der geschätzten Koeffizienten deuten darauf hin, dass die Überweisungswahrscheinlichkeit und der -betrag zwar mit dem Alter steigen, jedoch im Zeitablauf abnehmen. Damit bestätigt sich der bereits von Merkle und Zimmermann (1992) und Clark und Drinkwater (2001) beschriebene Verlauf einer invertierten U-Kurve. Es ist außerdem aufgrund der vorliegenden Daten möglich, das Durchschnittsalter zu bestimmen, für welches der Überweisungsbetrag am höchsten ist. Aus der Maximierung der Rimessenfunktion bezüglich des Alters ergibt sich dessen optimaler Wert $Alter_{max}$, welcher sich aus den jeweils geschätzten Koeffizienten β_{Alter} und $\beta_{Alter*Alter}$ als

$$Alter_{max} = -\beta_{Alter} / 2\,\beta_{Alter*Alter} = -543{,}1 / [2(-6{,}38)] = 42{,}56 \text{ [58]}$$

berechnen lässt. Im Durchschnitt überweisen junge Haushalte somit am wenigsten, doch auch für ältere Familien nimmt sowohl die Überweisungswahrscheinlichkeit als auch die Höhe wieder ab. Zwar fehlt, wie bereits in Kapitel 4.2 erwähnt, eine explizite theoretische Begründung dieses Phänomens, doch kann die sehr kurze Aufenthaltsdauer der jungen Einwanderer sowie das Fehlen eines Rückkehrwunsches und die abnehmende soziale Nähe der älteren Ausländer zu ihren Familien in der Heimat hierfür eine Begründung liefern. In der Tat ist zumindest das Quadrat des Durchschnittsalters bei der Einbeziehung der Variablen ‚Aufenthaltsdauer' und ‚Rückkehrwunsch' nicht mehr signifikant und auch die Relevanz des Alters selbst nimmt ab. Vor allem die Korrelation zwischen dem Durchschnittsalter und der Aufenthaltsdauer ist gemäß der in EViews darstellbaren Korrelationsmatrix mit einem Wert von 0,5567 sehr hoch. Allerdings scheinen diese Effekte, wie weiter unten noch ausgeführt wird, vornehmlich auf die im Zusammenhang mit der Einführung der Variablen erfolgten Streichung einiger Haushalte aus der Stichprobe zusammenzuhängen und sollten daher nicht überbewertet werden.

Ähnlich wie die Frage nach der regelmäßigen Unterstützung von Freunden, verlieren die Angaben zur Einschätzung der Situation der Ausländer in Deutschland, wie schon in Kapitel 4.1 erläutert, aufgrund ihrer Aggregation auf Haushaltsebene an Aussagekraft und haben viel-

---

[58] Eine Skalierung aufgrund der zensierten Daten entfällt in diesem Fall, da sich der Skalierungsfaktor über die geschätzten Koeffizienten aufhebt.

leicht auch deshalb keinen signifikanten Einfluss auf die endogenen Variablen. Dennoch zeigt das jeweils positive Vorzeichen des geschätzten Koeffizienten die bereits vermutete Wirkung, welche eine zunehmende Fremdenfeindlichkeit im Gastland auf die Rimessenzahlungen hat. Je weniger willkommen sich die ausländischen Haushaltsmitglieder insgesamt in Deutschland fühlen, desto eher werden Kontakte mit der Heimat aufrechterhalten, auch wenn damit nicht automatisch ein Rückkehrwunsch verbunden sein muss.

Es ist nun interessant zu erfahren, ob nationale Unterschiede, wie sie vor allem von Clark und Drinkwater (2001) festgestellt werden, nach Einbeziehung der Basisvariablen auch für Deutschland relevant sind. Als Vergleichsgröße wurden gemischte Haushalte mit ausländischen und deutschen Mitgliedern gewählt. Es wird dabei erwartet, dass die Ausländer in diesen Haushalten weitestgehend im Gastland integriert sind. Während sie somit eine vergleichsweise geringe Überweisungswahrscheinlichkeit besitzen sollten, könnte die Transfersumme jedoch, wenn erst einmal ein Überweisungsentschluss gefasst wurde, weiterhin relativ hoch sein. Dies kann jedoch nur bei der Zugrundelegung eines zweistufigen Entscheidungsprozesses sichtbar werden. Es ist daher erstaunlich, dass lediglich Haushalte bestehend allein aus Personen aus dem ehemaligen Jugoslawien und rein spanische Haushalte eine im Vergleich zur Basisgruppe höhere Wahrscheinlichkeit zur Heimatüberweisung aufweisen. Auch für die im Tobit-Modell betrachtete Transfersumme ergibt sich nur für die Dummyvariable der rein griechischen Haushalte ein zusätzlicher, positiver Koeffizient. Damit zeigt sich keine Relevanz hinsichtlich der von Merkle und Zimmermann (1992) separat betrachteten türkischen Haushalte in Deutschland. Signifikante Unterschiede im Vergleich zur Basisgruppe lassen sich für ehemals jugoslawische und für italienische Haushalte feststellen, allerdings mit entgegen gesetzten Vorzeichen. Dieser Trend wurde bereits in den Tabellen 1a und 1b des Anhangs deutlich, in denen sich die aggregierten Größen dieser beiden Staaten(-gruppen) deutlich von den Zahlen anderer Nationen unterschieden. Für die Bürger des ehemaligen Jugoslawiens könnte insbesondere die politische und auch wirtschaftliche Situation in ihrer Heimat einen wesentlichen Grund für ihre signifikant höhere Zahlungsbereitschaft darstellen. Allerdings hat dies keinerlei Auswirkungen auf die Höhe der Transfersumme. Für Italien stellt sich die Situation anders dar. Der Tabelle 1a konnte entnommen werden, dass sich Italien in den vergangenen Jahren zu einem Nettozahler von Rimessen entwickelt hat. Demnach hielt möglicherweise die positive wirtschaftliche Situation in ihrem Heimatland italienische Haushalte von einer Heimatüberweisung ab. Aus diesen Ausführungen sind bereits zwei Merkmale der Variablen zur Nationalität des Haushalts erkennbar. Erstens lassen sich aus ihnen sehr wohl Rückschlüsse auf die Situation der Empfänger ziehen. So kann die gezeigte

Relevanz dieser Einflüsse durchaus als Hinweis auf altruistische Motive bei der Entscheidung zur Transferzahlung gedeutet werden. Da sich jedoch diese Einflussgrößen im Wesentlichen auf politische oder makroökonomische Daten beziehen, ist zweitens festzustellen, dass weitere derartige Größen die Erklärungskraft des hier allein mikroökonomisch ausgerichteten Modells erhöhen würden. Dennoch fangen die Dummyvariablen der Nationalitäten einen Teil dieser Einflüsse auf. Die von Clark und Drinkwater (2001) vermuteten und von Merkle und Zimmermann (1992) für türkische Haushalte in Deutschland gezeigten kulturellen Unterschiede lassen sich bisher jedoch nicht explizit zeigen. Es ist dabei zu bemerken, dass Merkle und Zimmermann für die festgestellten Verschiedenheiten zwischen türkischen und nicht-türkischen Haushalten kulturelle Unterschiede lediglich vermuten, während eine ausführlichere Analyse der wirtschaftlichen und politischen Situation in der Türkei auch bei ihnen ausbleibt.

An dieser grundsätzlichen Einschätzung ändert auch die Einführung von drei ergänzenden Variablen wenig. Durch die Nichtberücksichtigung von 223 Haushalten, welche zumindest eine der drei Fragen nicht beantworteten, verändert sich die Zusammensetzung der Stichprobe. Dies zeigt sich bei einem Vergleich der Zahlen in den Tabellen 4a und 4b. Eine vorab durchgeführte und hier nicht tabellarisch dargestellt Schätzung des zensierten Tobit-Modells mit der reduzierten Stichprobe, aber ohne die ergänzenden Variablen, ergab für den Anteil an Ausländern im Haushalt und für das Durchschnittsalter keine statistisch signifikanten Koeffizienten mehr, doch blieben die anderen Ergebnisse unverändert. Die Auswirkungen auf die Relevanz des Durchschnittsalters wurden bereits beschrieben. Die Zahlen in der Tabelle 4b weisen auf einen insgesamt höheren Anteil von Immigranten in der reduzierten Stichprobe hin. Es lässt sich nur vermuten, dass dieser Einwandereranteil in kinderlosen Haushalten oder Familien mit minderjährigen Kindern hoch ist. Dies sollte vor allem auf jüngere, erst vor kurzer Zeit eingewanderte Ausländer zutreffen. Die vermutete Korrelation zwischen dem Ausländeranteil und der Aufenthaltsdauer kann mit Hilfe der entsprechenden Korrelationsmatrix überprüft werden. Der sich ergebende Wert von -0,1780 deutet zumindest einen nicht unerheblichen, negativen Zusammenhang zwischen diesen beiden Variablen an und erklärt somit einen Teil der festgestellten Veränderungen der Relevanz des Immigrantenanteils im Tobit-Modell. Da der Einfluss dieser Größe jedoch bereits ohne die ergänzenden Variablen, wie schon erwähnt, zurückging, scheinen vor allem die nun nicht mehr in der Stichprobe enthaltenen Haushalte für die Signifikanz dieses Quotienten verantwortlich zu sein.[59]

Der Einfluss des Bruttoeinkommens bei der Schätzung beider Modelle nimmt zwar ab, bleibt jedoch weiterhin signifikant.

Sowohl das Vorliegen eines Besuchs in der Heimat als auch der Rückkehrwunsch haben jeweils in beiden Modellen den erwartet positiven, wenn auch nicht signifikanten Einfluss auf die endogenen Variablen. Der Effekt des Heimatbesuches deutet dabei vor allem auf altruistische Motive hin, welche sich durch die soziale Nähe äußern. Demgegenüber spricht für die Verfolgung von Eigeninteressen der positive Einfluss des Rückkehrwunsches auf die beiden abhängigen Variablen.

Die Aufenthaltsdauer als dritte ergänzend betrachtete Einflussgröße findet in der Literatur vor allem deshalb besondere Aufmerksamkeit, da hierdurch ein dynamisches Element in die eher statische Untersuchung von Heimatüberweisungen Eingang findet. Die ML Schätzungen der beiden Modelle ergeben einen signifikant negativen Einfluss der Aufenthaltsdauer der zuletzt eingewanderten Person in einer Familie sowohl auf die Überweisungswahrscheinlichkeit als auch auf die Höhe der Zahlungen. Demnach nehmen beide endogenen Variablen im Laufe der Zeit, in der sich die Haushaltsmitglieder im Gastland aufhalten, ab. Da so jedoch ebenfalls die soziale Nähe des Auswanderers zu seiner Familie in der Heimat sinkt, scheinen altruistische Motive bei der Transferentscheidung vorzuliegen. Die verfügbaren Daten ermöglichen jedoch eine genauere Analyse des Überweisungsverhaltens im Zeitablauf. Ergänzt man, ähnlich wie bereits für die Variable des Durchschnittsalters geschehen, das Quadrat der Aufenthaltsdauer, so ergibt sich zwar für beide Koeffizienten ein negatives Vorzeichen, doch ist nun keine der Einflussgrößen alleine signifikant, was den Ergebnissen von Brown (1997) entspricht. Allerdings wurde mit Hilfe eines Wald Tests anschließend die Hypothese getestet, ob beide Koeffizienten gemeinsam den Wert Null annehmen. Diese Hypothese kann zumindest für ein Signifikanzniveau von 10 Prozent verworfen werden,[60] was wiederum für die These einer Abnahme der Zahlungen im Zeitablauf spricht.

Poirine (1997) vermutet jedoch einen M-förmigen Verlauf der Rimessenfunktion über der Aufenthaltsdauer. Eine derartige Darstellung ist auch für den vorliegenden Datensatz mög-

---

[59] Diese Haushalte bestanden zum Befragungszeitpunkt ausschließlich aus deutschen Mitgliedern, so dass die Einwandererquote vermutlich schon vorher signifikant geringer war.
[60] Für die Chi-Quadrat-Verteilung mit 23 Freiheitsgraden ergibt sich ein Wert von 4,72. Die Wahrscheinlichkeit wird hierfür mit 0,0946 angegeben.

lich. In der Abbildung 5 im Anhang wurden etwa gleich große Intervalle der Aufenthaltsdauer gebildet und jeweils die durchschnittliche Überweisungshöhe berechnet.[61] Es ergibt sich daraus der von Poirine vorhergesagte Verlauf der Funktion. Dieser erwies sich auch bei der Reduzierung der Stichprobe auf die 234 überweisenden Haushalte als robust. Um diese Hypothese weiter zu testen, wurde im Tobit-Modell die diskrete Variable der Aufenthaltsdauer durch die 6 in der Grafik angegebenen Intervalle ersetzt. Die Ergebnisse der ML Schätzung für diesen Fall sind in der Tabelle 6b wiedergegeben. Als Basisfall dient bei der Aufenthaltsdauer das Intervall von 21 bis 25 Jahren. Auch wenn die einzelnen Koeffizienten keine signifikanten Unterschiede der Intervalle zeigen, so ist doch der M-förmige Verlauf der Rimessenfunktion an den Vorzeichen der geschätzten Werte abzulesen.[62] Daher scheinen die Daten die Hypothese des Vorliegens verschiedener Kreditbeziehungen zwischen dem Migranten und der Familie in der Heimat zu bestätigen, doch gibt es auch Anzeichen für ein Abnehmen der Zahlungen im Zeitablauf.

Die Ergebnisse für die verschiedenen Nationalitäten bleiben durch die Einbeziehung der drei Variablen weitgehend unverändert. Lediglich für rein griechische Haushalte ergaben sich in beiden Modellen und für rein türkische Haushalte im Tobit-Ansatz Vorzeichenwechsel, die jedoch nicht zu signifikanten Abweichungen führen. Somit wirken sich die zusätzlichen Variablen und vor allem die mit ihrer Einführung verbundene Stichprobenreduzierung aus den oben beschriebenen Gründen im Wesentlichen auf die Relevanz des Durchschnittsalters und des Einwandereranteils im Haushalt aus, deren Ergebnisse für diese Stichprobe jedoch nicht überbewertet werden sollten.

Beide ML Schätzungen der Modelle zeigen, wie einleitend bereits begründet, eine eher schlechte Anpassung an die vorliegenden Daten. Deutlich wird dies an den sehr niedrigen Werten für die jeweiligen Bestimmtheitskoeffizienten und die nur geringfügig bessere Vorhersage der Überweisungsentscheidung im Probit-Modell, verglichen mit einer naiven Schätzung.

---

[61] Lediglich das erste und somit auch das zweite Intervall weichen von dem 5-Jahres-Zeitraum ab. Poirine geht davon aus, dass Einwanderer etwa 1 Jahr benötigen, um sich im Gastland nieder zu lassen. Da jedoch ein solches Intervall in diesem Fall lediglich 8 Haushalte umfasst hätte, wurde der erste Grenzwert auf 2 Jahre erweitert.

[62] Leider stimmen die lokalen Maxima und Minima der Funktion nicht völlig mit der Abbildung 5 überein. So scheint sich für das vierte Intervall aus den Daten ein Maximum zu ergeben, während dies in der Grafik erst im fünften Zeitintervall erreicht wird.

Der im Tobit-Modell angegebene Skalierungsparameter, welcher von EViews automatisch geschätzt wird, ist signifikant und positiv. Somit dient er in der Tat, wie in Kapitel 4.3 erläutert, dem Ausgleich einer in Richtung Null laufenden Verzerrung der Koeffizienten.

Im nächsten Abschnitt wird auf den alternativen Ansatz eines zweistufigen Schätzverfahrens eingegangen. Dabei liegt der Schwerpunkt der Darstellung auf den Unterschieden zu den Ergebnissen des Tobit-Modells.

5.2 Ergebnisse des zweistufigen Ansatzes und Vergleich

Das Tobit-Modell geht von gleichgerichteten Effekten der unabhängigen Variablen sowohl auf die Überweisungswahrscheinlichkeit als auch auf die Transfersumme aus. Ist diese Prämisse erfüllt, so liefert die Verwendung des Modells aufgrund der Einbeziehung zweier Entscheidungen in eine Schätzung sehr viel bessere Ergebnisse, als die bei einem zweistufigen Ansatz zu erzielenden Resultate. Dennoch ist die Vorbedingung des Tobit-Modells möglicherweise für die hier betrachtete Fragestellung zu restriktiv. Der Vergleich zwischen den Schätzungen des Probit- und des Tobit-Modells im ersten Teil dieses Kapitels zeigte bereits für die Variable ,Anteil der Eingewanderten' eine unterschiedliche Signifikanzbeurteilung durch die beiden Ansätze und für den geschätzten Koeffizienten der Dummyvariable ,griechischer Haushalt' einen Vorzeichenwechsel. Es scheint daher nicht ausgeschlossen zu sein, dass die Verwendung der Transfersumme als abhängige Variable im Vergleich zur alleinigen Betrachtung der Überweisungswahrscheinlichkeit andere Einflussfaktoren identifiziert.

Bereits in Kapitel 4.3 wurde ein Test vorgestellt, welcher die Angemessenheit des Tobit-Ansatzes überprüfbar macht. Zur Bestimmung der Likelihood Ratio Statistic (*LRS*) ist vorab eine Schätzung des abgeschnittenen Tobit-Modells erforderlich. Die Ergebnisse hierzu finden sich in der Tabelle 7a im Anhang.[63] Da bei diesem Ansatz lediglich die überweisenden Haushalte berücksichtigt werden, hat sich der Stichprobenumfang auf 234 Haushalte reduziert. Mit dem angegebenen Wert der Loglikelihoodfunktion lässt sich nun die LRS berechnen als:

$$LRS = -2 \left[-2724{,}69 - (-492{,}10 + (-2189{,}38)) \right] = 86{,}41.$$

Die Chi-Quadrat-Verteilung mit 21-1 Freiheitsgraden ist für den 1%-Level mit einem Wert von 37,57 tabelliert. Damit wird die Null-Hypothese des gleichgerichteten Einflusses aller

---

[63] Auf eine Interpretation dieser Zahlen wird aus Platzgründen verzichtet. Ferner geht es hier in erster Linie um den Vergleich zwischen dem Tobit-Modell und einem zweistufigen Ansatz.

Regressoren sowohl auf die Wahrscheinlichkeit als auch auf den Betrag der Überweisungen abgelehnt. Es ist also ein Ansatz erforderlich, welcher diese Restriktion nicht enthält.

Um jedoch das zweistufige Verfahren anwenden zu können, ist, wie bereits in Kapitel 4.3 erläutert, die Identifizierung mindestens einer Variable notwendig, welche zwar im Probit-Modell einen signifikanten Einfluss auf die Überweisungswahrscheinlichkeit hat, aber in der OLS Schätzung keinen derartigen Effekt aufweist. Bereits in den Ergebnissen der ML Schätzung des abgeschnittenen Tobit-Modells zeigt sich, dass die Variable des Schulbesuchs im Ausland diese Anforderungen erfüllt. Der geschätzte Koeffizient dieser Größe ist nun, im Gegensatz zum Probit-Modell, nicht mehr signifikant und wechselt zudem das Vorzeichen. Eine Begründung für diese Beobachtung ist nicht einfach. Aus der Tabelle 4a geht hervor, dass in der großen Stichprobe in zirka 75 Prozent der befragten Haushalte mindestens ein Mitglied eine Schule im Ausland besucht hat. Dieser Anteil steigt infolge der Reduzierung der Stichprobe auf die überweisenden Haushalte auf über 90 Prozent an. Somit ist hier die Gruppe der Haushalte ohne ausländischen Schulbesuch relativ klein, wodurch wenige Ausreißer das Ergebnis möglicherweise sehr stark beeinflussen könnten. Andererseits bedeutet eine fehlende ausländische Ausbildung nicht zwangsläufig das Vorliegen eines Schulbesuchs in Deutschland. Ist die ausländische Person als ungelernte Arbeitskraft eingewandert, so erklärt dies über das Einkommen den negativen Einfluss auf die Überweisungshöhe.

Obwohl die Auswahl dieser Größe durchaus willkürlich erscheint, ergaben sich auch bei der Verwendung anderer möglicher Variablen, wie etwa das Durchschnittsalter oder die Dummyvariable ,Eltern im Heimatland', keine stark abweichenden Ergebnisse vor allem im Hinblick auf die Signifikanz des Korrekturterms.[64] Auf die relevanten Veränderungen wird im Folgenden eingegangen.

Das invertierte Mills-Verhältnis ersetzt in der OLS Schätzung die Variable ,Ausländischer Schulbesuch'. Dieses Verhältnis wird in EViews mit Hilfe eines gesonderten Befehls unter Verwendung der Probit-Schätzung berechnet. Die Tabellen 8a und 8b enthalten die Ergebnisse der OLS Schätzungen für die Basisvariablen und die um drei exogene Variablen erweiterte Regression. Dabei wird deutlich, dass der Korrekturterm in keinem der untersuchten Fälle signifikant ist. Davidson und MacKinnon (1993, S. 545) schlagen zur Untersuchung des Selektivitäts-Bias die folgende Schätzstrategie vor: Eine Schätzung nach dem Heckman-

---

[64] Hoddinott (1992) liefert eine sehr umfassende Darstellung relevanter Probleme bei der Auswahl der zu streichenden Variablen. Allerdings kommt auch er zu keiner eindeutigen Lösung.

Verfahren testet die Null-Hypothese des Nichtvorliegens einer Selektionsverzerrung. Eine Verzerrung liegt nur dann vor, wenn der geschätzte Koeffizient des invertierten Mills-Verhältnisses signifikant ist. Wird die Null-Hypothese nicht abgelehnt, so kann ‚problemlos‘ eine lineare Regression ohne Einbeziehung des Korrekturterms erfolgen. Deren Ergebnisse sind ebenfalls in den Tabellen 8a und 8b dargestellt. Ein Vergleich der Schätzungen unter der Einbeziehung des invertierten Mills-Verhältnisses mit den einfachen OLS Schätzungen zeigt keine gravierenden Unterschiede der Ergebnisse.[65] Da der Korrekturterm nicht signifikant ist und daher die übrigen Ergebnisse eher abschwächt,[66] ist eine alleinige Interpretation der einfachen OLS Schätzung in der Tat angebracht.

Eine erste wesentliche Unterscheidung zwischen den beiden Ansätzen der Tobit- und der OLS Schätzung ergibt sich bezüglich des Einflusses der Eltern im Ausland. Deren Effekt auf die Überweisungshöhe ist zwar noch immer positiv, doch nicht mehr signifikant. Es scheint zumindest im Zusammenhang mit den Eltern wichtiger zu sein, überhaupt einen Betrag in die Heimat zu transferieren, als möglichst hohe Beträge zu überweisen. Diese Beobachtung lässt sich vor allem durch die Verfolgung verschiedener Eigeninteressen erklären, nach denen beispielsweise die Aussicht auf eine Erbschaft oder die soziale Stellung bei der Rückkehr in die Heimat allein durch den gezeigten ‚Willen zur Überweisung‘ positiv beeinflusst werden.

Ähnlich den Ergebnissen des Tobit-Modells ist der Anteil der Einwanderer an der gesamten Personenzahl im Haushalt nur bei der Schätzung der Basisvariablen signifikant.

Der Koeffizient des Durchschnittsalters sowie dessen Quadrat haben zwar bei der OLS Schätzung weiterhin unveränderte Vorzeichen und bestätigen damit für die Rimessenfunktion den Verlauf einer invertierten U-Kurve über dem Alter, doch ist ihr Einfluss nun in beiden Stichproben nicht mehr signifikant. Auch der Wald-Test konnte die gemeinsame Relevanz der beiden Größen nicht mehr nachweisen. Daher hat das durchschnittliche Alter des Haushalts zwar einen wesentlichen Einfluss auf die Überweisungswahrscheinlichkeit, doch gilt dies nicht für die Höhe des Transfers. Im vorangegangenen Abschnitt wurde argumentiert, dass im Durchschnitt sehr junge, noch nicht lange in Deutschland lebende Haushalte und ältere Haushalte ohne Rückkehrwunsch oder soziale Nähe zur Heimatfamilie mit einer geringeren Wahrscheinlichkeit überweisen. Haben sie sich jedoch für eine Transferzahlung entschieden, so

---

[65] Lediglich der Anteil der Eingewanderten bei der Schätzung mit den Basisvariablen und die Personenzahl im Haushalt für den Fall der Einbeziehung der ergänzenden Variablen sind nicht mehr signifikant.
[66] Dieses Problem der Abschwächung der Effekte wurde bereits einleitend zu diesem Kapitel im Rahmen nichtsignifikanter Variablen erwähnt.

muss dieser Betrag nicht notwendigerweise niedriger als in Haushalten mittleren Alters sein. Gerade für ältere Personen wird die Einkommenshöhe auch größere Transferbeträge erlauben. Das die Überweisungssumme maximierende Alter, welches sich wie oben aus den Koeffizienten der Schätzung berechnen lässt als

$$\text{Alter}_{max} = -\beta_{Alter} / 2\ \beta_{Alter*Alter} = -183{,}4 / [2(-2{,}32)] = 39{,}53 \quad ,$$

liegt nur um etwa 3 Jahre unter dem Wert, welcher die Überweisungswahrscheinlichkeit maximiert.

Einen weiteren, sehr wesentlichen Unterschied zu den Ergebnissen des Tobit-Modells stellen die Resultate der OLS Schätzung bezüglich der Nationalitäten dar. Überwiesen Haushalte aus dem ehemaligen Jugoslawien noch mit einer sehr viel höheren Wahrscheinlichkeit, so liegen die transferierten Summen dieser Volksgruppe sogar unter den Zahlungen der Haushalte mit deutschen Mitgliedern. Erneut scheint es also wichtiger zu sein, überhaupt eine Zahlung in die Heimat zu leisten, als möglichst hohe Beträge zu überweisen. Anders verhält es sich bei den rein griechischen Haushalten. Während der für diese Gruppe geschätzte Koeffizient bereits im Tobit-Modell ein positives Vorzeichen aufwies, so ist der Einfluss dieser Variablen erst bei der Betrachtung der Überweisungssumme signifikant höher als in der Basisgruppe. Eine Erklärung der Beobachtungen zu beiden Volksgruppen ist schwierig. Speziell die Situation im ehemaligen Jugoslawien ließ womöglich den sozialen Druck auf die Auswanderer zur Überweisung anwachsen. Allerdings zeigen die Daten in der Tabelle 1b bereits den vergleichsweise hohen Stellenwert, den die Heimatüberweisungen schon vor Beginn des Krieges in den betroffenen Staaten hatten. Somit ist zu vermuten, dass es sich bei diesen Phänomenen eventuell doch um kulturell bedingte Unterschiede handeln könnte.

Weitere Analysen zu den einzelnen Ausländerstichproben sind aufgrund der teilweise äußerst kleinen Gruppen überweisender Haushalte dieser Nationen kaum möglich. So gaben lediglich 7 der 124 italienischen Haushalte einen überwiesenen Betrag an, was auf der einen Seite die Ergebnisse des Probit-Modells bestätigt, andererseits aber weitere Aussagen zu den Einflussfaktoren auf die Transfersumme für diese Gruppe unmöglich macht.

Die Vorzeichen der Koeffizienten für die ergänzenden Variablen sind in der OLS Schätzung gegenüber dem Probit- und dem Tobit-Ansatz unverändert und bestätigen damit die oben dargelegten Hypothesen und Interpretationen zu diesen Ergebnissen. Allerdings ist der Einfluss der Aufenthaltsdauer des zuletzt eingewanderten Haushaltsmitglieds auf die Transfersumme nicht mehr signifikant, was wiederum eher für die Idee von Poirine (1997) spricht. Die Entscheidung zur Heimatüberweisung hängt stark von der Aufenthaltsdauer ab, doch spielt diese bei der Bestimmung der Höhe nur noch eine untergeordnete Rolle. Da diese Variable vor allem altruistische Motive aufdecken soll, scheinen derartige Beweggründe zumindest hier lediglich einen signifikanten Einfluss auf die Überweisungswahrscheinlichkeit zu haben.

Die Anpassung der OLS Schätzung an die zugrunde liegenden Daten ist erneut gering. Das korrigierte R^2 (‚adjusted R^2'), welches im Vergleich zu dem einfachen Bestimmtheitskoeffizienten R^2 die Einbeziehung nicht signifikanter Variablen bestraft, nimmt für die größere Stichprobe wie bereits vermutet einen höheren Wert an, wodurch erneut der geringe Erklärungsgehalt der ergänzenden Variablen betont wird. Die angegebene F-Statistik verwirft die Null-Hypothese, dass alle geschätzten Koeffizienten gleich Null sind.

Zusammenfassend lassen sich einige Unterschiede zwischen den Ergebnissen des Tobit-Modells und den abgeleiteten Aussagen der OLS Schätzung feststellen. Diese Abweichungen sprechen für die Unterteilung der Transferentscheidung in zwei unabhängige Prozesse, in denen unterschiedliche Einflussfaktoren relevant sind. Dabei scheinen einige Variablen, welche einen signifikanten Einfluss auf die Überweisungswahrscheinlichkeit haben, bei der Festlegung der Betragshöhe lediglich eine untergeordnete Rolle zu spielen. Dies trifft vor allem auf im Ausland lebende Eltern, das Durchschnittsalter des Haushalts und die Aufenthaltsdauer des zuletzt eingewanderten Haushaltsmitglieds zu. Zudem scheint die Nationalität des Haushalts eine wichtige Rolle zu spielen. Der Anteil der Eingewanderten im Haushalt hat jedoch nur auf die Bestimmung der Transfersumme einen signifikanten Einfluss, wobei eine Interpretation dieses Ergebnisses schwierig ist.

Das in verschiedenen Quellen gewählte Tobit-Modell trägt derartigen Differenzen keine Rechnung und führt nur bei gleichgerichteten Einflüssen aller Variablen auf beide Entscheidungen zu konsistenten Ergebnissen. Dies trifft zumindest für den vorliegenden Datensatz nicht zu.

Das abschließende Kapitel fasst die wesentlichen Erkenntnisse dieser Arbeit zusammen und gibt gleichzeitig aufgrund der identifizierten Probleme bei der Datenerhebung und Durchführung der Schätzungen einige Hinweise und Empfehlungen für zukünftige Analysen internationaler Heimatüberweisungen.

6. Zusammenfassung und Ausblick

Während theoretische Ansätze zur Erklärung von Heimatüberweisungen die verschiedenen Aspekte dieser Entscheidung scheinbar sehr umfassend darstellen können, sind empirische Studien bisher noch nicht in der Lage, alle relevanten Einflussfaktoren in einem empirischen Modell zusammenzufassen. Vielmehr ist es weiterhin notwendig, die wesentlichen Größen zu identifizieren und bezüglich ihrer Auswirkungen auf die Transferentscheidung zu untersuchen. Der in dieser Arbeit gewählt Rahmen beschränkt sich dabei auf die Analyse verschiedener Charakteristika des Senderhaushalts im Gastland.

Dabei lässt sich der in anderen empirischen Arbeiten bereits gezeigte Einfluss verschiedener Faktoren bestätigen. So ist es naheliegend, dass das Einkommen der Migranten sowohl für die Überweisungswahrscheinlichkeit als auch deren Höhe einen signifikant positiven Einfluss hat. Ferner wird das Transferpotenzial durch die Zahl der Personen im Haushalt bestimmt. Bei den in Deutschland lebenden Ausländern bedeutet dabei ein Anwachsen der Haushaltsgröße eine Reduzierung des für Transfers zur Verfügung stehenden Einkommens. Gleichzeitig kann die höhere Personenzahl aber auch auf eine Familiengründung im Gastland hindeuten, durch welche die soziale Nähe zur Heimat abnimmt. Derartige soziale Bindungen sind gemäß den theoretischen Erklärungsansätzen auf altruistische Motive zurückzuführen. Für das Vorliegen solcher Beweggründe sprechen ferner der signifikant positive Einfluss verwandtschaftlicher Beziehungen zur Heimat und der ebenfalls positive Effekt der Heimatbesuche durch die Auswanderer.

Doch auch die Verfolgung von Eigeninteressen spielt bei der Überweisungsentscheidung eine wesentliche Rolle. Sichtbar wird dies etwa am positiven Einfluss der Ausbildungsdauer und des Vorliegens eines Rückkehrwunsches. Transfers an die Eltern im Ausland lassen sich ebenfalls mit der Verfolgung von Eigeninteressen erklären. Ferner hat das Vorliegen eines Schulbesuchs im Ausland einen signifikant positiven Einfluss auf die Zahlungswahrscheinlichkeit.

Andere Ergebnisse der ökonometrischen Schätzungen sind nicht so eindeutig interpretierbar. Dies gilt unter anderem für den Verlauf der Rimessenfunktion als invertierte U-Kurve über dem Alter, aber vor allem für die Beschreibung der Überweisungsentwicklung bei zunehmender Aufenthaltsdauer. Die untersuchten Daten scheinen die Idee von Poirine (1997) zu unterstützen. Aufgrund verschiedener Kreditvereinbarungen innerhalb der Familie kommt es demnach nicht zu einem kontinuierlichen Sinken der Zahlungen bei zunehmender Aufenthaltsdauer, sondern zu einem M-förmigen Verlauf der Funktion. Allerdings ist diese Aussage aus statistischer Sicht noch nicht hinreichend belegt.

Von besonderem Interesse sind die Unterschiede hinsichtlich der Nationalität des Haushalts. Lediglich Personen aus dem ehemaligen Jugoslawien zeigen positiv signifikante Abweichungen von den Überweisungen der Basisgruppe, während diese nur für italienische Haushalte signifikant negativ sind. Eine Interpretation der Ergebnisse ist schwierig, da diese Variablen sowohl die politische und wirtschaftliche Situation der Empfängerländer erfassen als auch kulturelle Unterschiede einbeziehen. Jedoch scheinen vor allem Haushalte des ehemaligen Jugoslawiens freiwillig oder aufgrund sozialen Drucks Geldbeträge in die Heimat zu transferieren. Dabei ist die Höhe der überwiesenen Summe weniger relevant, wie die OLS Schätzung zeigt. Dieser zweistufige Ansatz ermöglicht eine differenzierte Betrachtung der den Überweisungen zugrunde liegenden Entscheidungen. Die Ergebnisse weichen hier teilweise von den Schätzungen des Probit- und des Tobit-Modells ab. Dies stellt eines der wesentlichen Ergebnisse dieser Arbeit dar. Eine ganze Reihe von Einflussfaktoren, wie etwa das Alter, die Eltern im Ausland oder der ausländische Schulbesuch, haben lediglich auf die Transferwahrscheinlichkeit einen signifikanten Einfluss, während der Anteil der Immigranten im Haushalt nur für die Bestimmung der Transferhöhe relevant ist. Vor allem Zahlungen an die Eltern oder die vom Krieg betroffene Heimat werden eventuell allein deshalb getätigt, um einen ‚Willen zur Überweisung' zu zeigen. Damit werden Rimessenzahlungen auch aufgrund eines sozialen Drucks getätigt, welcher sich in die theoretischen Motive des Eigeninteresses einordnen lässt.

Ein weiteres Resultat dieser Arbeit ist jedoch, dass die theoretische Literatur die Möglichkeit einer zweistufigen Transferentscheidung bisher kaum berücksichtigt. Brown (1997) leitet aus dem Fehlen dieser Unterscheidung die Angemessenheit seines einstufigen Tobit-Ansatzes ab. Jedoch zeigen die hier präsentierten Ergebnisse, wie auch einige der in dieser Arbeit zitierten Studien, die Notwendigkeit einer Aufteilung auf zwei Entscheidungsstufen. Somit sollten theoretische Modelle aufgrund dieser empirischen Resultate zukünftig in diese Richtung erweitert werden.

Des Weiteren fehlt in der Literatur bisher die Modellierung der Überweisungsentscheidung im Senderhaushalt. Allerdings sollte sich die Frage nach der für den Transfer relevanten Person oder Personengruppe vor allem im Rahmen empirischer Arbeiten stellen.

Um die Transferentscheidung zukünftig umfassender darstellen zu können, ist es notwendig, sowohl mikroökonomische Größen des Sender- und des Empfängerhaushaltes als auch makroökonomische Variablen einzubeziehen. Vor allem die Berücksichtigung letztgenannter Faktoren macht jedoch longitudinale Datenanalysen erforderlich. Dies stellt keinesfalls eine leichte Aufgabe dar, so dass auch die vorliegende Arbeit lediglich einen kleinen Beitrag zur Entwicklung eines detaillierten Wissens über die zugrunde liegenden Entscheidungsprozesse im Rahmen der Heimatüberweisungen leisten kann.

Anhang

Abbildung 1: Rimessen in Abhängigkeit von der Einkommensdifferenz

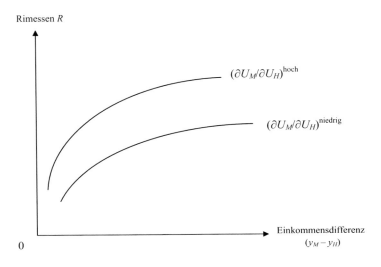

Quelle: Abbildungen 1 – 3 nach Clark und Drinkwater (2001)

Abbildung 2: Eigeninteresse als Motivation der Überweisungen

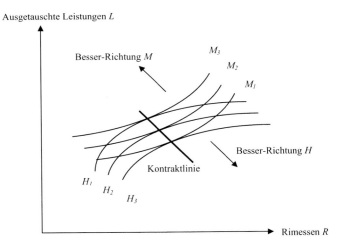

Anmerkung: M_i und H_i bezeichnen die Indifferenzkurven des Migranten bzw. der Familie in der Heimat. Der Index i nimmt dabei in Besser-Richtung zu.

Abbildung 3: Altruismus und Eigeninteresse im allgemeinen Fall

Ausgetauschte Leistungen L

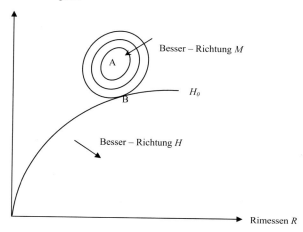

Abbildung 4: Theoretische Überweisungsfunktion bei Rückkehrwunsch

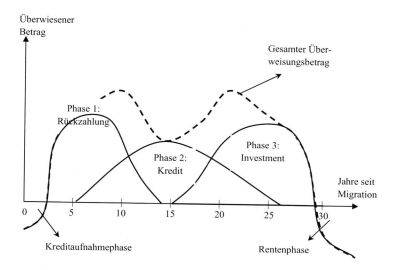

Quelle: Poirine (1997).

Abbildung 5: Rimessenfunktion und Aufenthaltsdauer

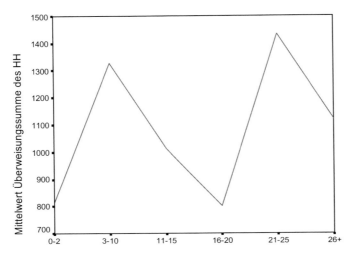

Kategorien von Aufenthaltsdauern

Aufenthaltsdauer in Jahren	Häufigkeit	Prozent	Mittelwert	Standardabweichung
0 bis 2	18	2,1	812,78	2.152,56
3 bis 10	188	22,3	1.328,99	3.616,39
11 bis 15	54	6,4	1.012,04	2.630,71
16 bis 20	136	16,2	799,63	2.739,43
21 bis 25	200	23,8	1.434,00	4.380,54
über 25	246	29,2	1.119,92	3522,45
Gesamt	842	100		

Tabelle 1a: Aggregierte Daten zu den Rimessen (workers' remittances) einzelner Länder und Ländergruppen

Land bzw. Länder-gruppe [67]	Empfangene Rimessen (in Mill. US-Dollar zu aktuellen Preisen)			Geleistete Rimessen (in Mill. US-Dollar zu aktuellen Preisen)		
	1990	1996	2000	1990	1996	2000
Weltweit	46.241	54.895	62.239	35.782	52.159	**60.449**
Industrieländer	11.773	12.211	10.676	19.796	28.255	**32.713**
Entwicklungsländer	34.468	42.684	51.563	15.986	23.904	**27.736**
Deutschland	... [68]	...	...	*4.380*	*4.919*	*3.191*
Herkunft der wichtigsten Bevölkerungsgruppen in Deutschland: [69]						
Griechenland	1.775	2.894	1.613	...	...	295
Italien	1.263	337	359	27	309	541
Jugoslawien:	9.360	...	...	...	...	...
Kroatien	...	603	531	...	7	27
Mazedonien	...	45	80	...	...	4
Slowenien	...	42	14	...	1	...
Spanien	4.263	2.749	3.414	136	553	1.325
Türkei	3.246	3.542	4.560	...	...	...

Quelle: IMF Balance of Payments Yearbook, verschiedene Jahrgänge.

---

[67] Die Ländergruppen entsprechen den Definitionen des IMF.

[68] Drei Punkte in dieser Tabelle bedeuten ein Fehlen entsprechender Angaben in den IMF-Publikationen. Als Gründe werden hierfür entweder zu kleine Werte oder ein Fehlen dieser Daten angeführt.

[69] Die Länder wurden entsprechend ihrer Anteile an der Gesamtbevölkerung in und ihrer Migrationsgeschichte nach Deutschland ausgewählt.

Tabelle 1b: Empfangene und geleistete Rimessen im Verhältnis zu Im- und Exporten einzelner Länder und Ländergruppen[70]

Land bzw. Länder-gruppe	Empfangene Rimessen/ Export von Gütern und Dienstleistungen (in %)			Geleistete Rimessen/ Import von Gütern und Dienstleistungen (in %)		
	1990	1996	2000	1990	1996	2000
Weltweit	1,13	0,83	0,80	0,87	0,80	**0,78**
Industrieländer	0,39	0,27	0,21	0,64	0,65	**0,62**
Entwicklungsländer	3,28	1,96	1,86	1,55	1,08	**1,08**
Deutschland	...	...	...	*1,13*	*1,09*	*0,64*
Herkunft der wichtigsten Bevölkerungsgruppen in Deutschland:						
Griechenland	13,63	18,99	5,48	- [71]	...	...
Italien	0,58	0,11	0,12	-	-	-
Jugoslawien:	45,26	...	...	...	...	...
Kroatien	...	7,64	6,14	...	-	-
Mazedonien	...	3,46	4,94	...	...	-
Slowenien	...	0,40	0,13	...	-	...
Spanien	5,1	1,87	2,03	-	-	-
Türkei	15,43	7,79	8,92	...	...	...

Quelle: IMF Balance of Payments Yearbook, verschiedene Jahrgänge.

---

[70] Vgl. auch die Erläuterungen zu der Tabelle 1a.

[71] Ein Querstrich zeigt an, dass hier, in Anbetracht der verfolgten Fragestellung, auf eine Berechnung der entsprechenden Werte verzichtet worden ist.

Tabelle 2: Anteil und durchschnittlicher Transferbetrag der überweisenden Haushalte nach Nationalitäten

Nationalität des Haushalts	Gesamtstichprobe		Überweisende Haushalte[72]	
	Zahl der Haushalte (Anteil an Stichprobe in %)[73]	Anteil Über-weisende [in %]	Zahl der Haushalte	Durchschnittlicher Betrag [in DM]
Gemischt mit Deutschen	248 (23,3)	19,35	48	4.682,92
Gemischt ohne Deutsche	14 (1,3)	14,29	2	12.000,00
Türkei	298 (28,0)	20,47	59	3.907,63
Ex-Jugoslawien	183 (17,2)	40,98	73	4.924,66
Griechenland	98 (9,2)	24,49	23	7.791,30
Italien	124 (11,6)	5,65	7	9.800,00
Spanien	45 (4,2)	24,44	11	7.900,00
Andere Nationalität	55 (5,2)	21,82	11	3.009,09
Alle Haushalte	1065 (100)	22,54	234	5.156,54

[72] Hier sind lediglich die Haushalte berücksichtigt, welche einen positiven Überweisungsbetrag angegeben haben. Insgesamt 6 Haushalte haben zwar die Frage nach einem Auslandstransfer bejaht, machten allerdings keine Angaben zu dessen Höhe.

[73] Der Anteil der verschiedenen Nationalitäten entspricht in etwa den tatsächlichen Bevölkerungsanteilen, wie sie beispielsweise Wagner (2001) angibt. Daher wurde auf eine zusätzliche Gewichtung der Stichprobenanteile verzichtet.

Tabelle 3: Beschreibung der in der Analyse verwendeten Daten

Variablen-bezeichnung	Variablenbeschreibung	Variablencode der Basis-frage im SOEP[74]
Abhängige Variablen:		np11601, np11064, np11605, np11608, np11609, np11612, np11613, np11616, np11617, np11620.
HHBinaer	= 1, falls im Jahr 1996 Zahlungen bzw. finanzielle Unterstützungen aus dem Haushalt an Personen im Ausland geleistet wurden; andernfalls = 0.	
HHSumme	Summe der Überweisungen ins Ausland im Jahr 1996 (in D-Mark)	
Unabhängige Variablen:		np6802, np6804, np6806, np6808, np6810, np6812, np2a02, np2a03, np2b02, np2b03, np2c02, np2c03, np2d02, np2d03, np2e02, np2e03, np2f02, np2f03, np2g02, np2g03, np2h02, np2h03, np2i02, np2i03, np2j02, np2j03, np2k02, np2k03, np2l02, np2l03, np2m02, np2m03.
Bruttoeinkommen	Summe aus den Bruttoeinkommen aller befragten Haushaltsmitglieder und haushaltsspezifischen Einkommen (Wohn- und Kindergeld)	
Personenzahl im Haushalt	Zahl aller Personen im Haushalt	hhgr
Eltern im Ausland	= 1, falls mindestens ein Haushaltsmitglied ein oder beide Elternteile im Ausland hat; andernfalls = 0.	mp09a01, mp09a02, mp09b01, mp09b02.
Kind / Partner im Ausland	= 1, falls mindestens ein Haushaltsmitglied Kind(er) oder den Partner / die Partnerin im Ausland hat, andernfalls = 0.	mp09d02, mp09d03, mp09d02, mp09d03, mp09e02, mp09e03, mp09f02, mp09f03.

---

[74] Nähere Informationen über die Variablen sind unter Angabe dieser Variablenkürzel auf der Homepage des Deutschen Instituts für Wirtschaftsforschung, http://smith.diw.de:8282/soep/soepinfo/, als Träger des Panels zu finden.

76

(Fortsetzung Tabelle 3...)		
Sonst. Verwandte im Ausland	= 1, falls mindestens ein Haushaltsmitglied andere Verwandte im Ausland hat, andernfalls = 0.	mp09c03, mp09g03, mp09h03, mp09i03, mp09j03, mp09k03.
Anzahl der Einge-wanderten	Anzahl der im Ausland geborenen Haushaltsmit-glieder	germborn
Freunden helfen	= 1, falls mehr als 50 Prozent der Haushaltsmit-glieder regelmäßig (wöchentlich/monatlich) Freunden, Verwandten oder Nachbarn helfen; andernfalls = 0.	mp0505
Ausländischer Schulbesuch[75]	= 1, falls mindestens ein Haushaltsmitglied we-nigstens einen Teil der Ausbildung erhalten; an-dernfalls = 0.	mpsbila, mpbbila
Ausbildungsdauer	Durchschnittliche Dauer der Ausbildung der aus-ländischen Haushaltsmitglieder (in Jahren)	mbilzeit
Durchschnittsalter	Durchschnittsalter aller befragten Personen im Haushalt	gebjahr
Durchschnittsalter^2	Durchschnittsalter*Durchschnittsalter	
Sorgen um Situati-on der Ausländer	= 1, falls die Mehrheit der ausländischen Haus-haltsmitglieder eher große Sorgen bezüglich der Situation von Ausländern in Deutschland hat; andernfalls = 0.	mp10909
Nationalität des Haushalts:	Relevant ist für Ausländer in jedem Fall die letzte Angabe zur ausländischen Staatsangehörigkeit:	nation84 bis nation96.
Gemischt mit Deutschen[75]	= 1, falls ein Teil der Haushaltsmitglieder seit der Aufnahme ins Panel die deutsche Staatsbürger-schaft besitzt; andernfalls = 0.	
Gemischt ohne Deutsche	= 1, falls die Haushaltsmitglieder unterschiedli-cher Nationalität sind; andernfalls = 0.	
Türkisch	= 1, falls alle Haushaltsmitglieder die türkische Staatsangehörigkeit besitzen; andernfalls = 0.	

---

[75] Diese Variablen wurden im zweistufigen Schätzverfahren fallengelassen.

(Fortsetzung Tabelle 3...)		
Ex-Jugoslawisch	= 1, falls alle Haushaltsmitglieder eine Staatsangehörigkeit des ehemaligen Jugoslawiens besitzen, andernfalls = 0.	
Griechisch	= 1, falls alle Haushaltsmitglieder die griechische Staatsangehörigkeit besitzen; andernfalls = 0.	
Italienisch	= 1, falls alle Haushaltsmitglieder die italienische Staatsangehörigkeit besitzen; andernfalls = 0.	
Spanisch	= 1, falls alle Haushaltsmitglieder die spanische Staatsangehörigkeit besitzen; andernfalls = 0.	
Andere Nationalität	= 1, falls alle Haushaltsmitglieder dieselbe, von den bisher genannten Nationalitäten abweichende Staatsangehörigkeit besitzen; andernfalls = 0.	
Ergänzende Variablen:		
Besuch in der Heimat	= 1, falls mindestens ein ausländisches Haushaltsmitglied in den letzten 2 Jahren seine Heimat besuchte, andernfalls = 0.	mp103a
Rückkehrwunsch	= 1, falls mindestens ein ausländisches Haushaltsmitglied wieder in seine Heimat zurückkehren möchte; andernfalls = 0.	mp100a
Aufenthaltsdauer des zuletzt Eingewanderten	Aufenthaltsdauer der zuletzt eingewanderten Person.	Immiyear

Tabelle 4a: Mittelwerte und Standardabweichungen der Basisvariablen

Variable	Gesamte Stichprobe		Nur überweisende Haushalte	
	Mittelwert	Standard-abweichung	Mittelwert	Standard-abweichung
Abhängige Variablen:				
HHBinaer	0,2254	0,4180	---	---
HHSumme	1.132,99	3.535,10	5.156,54	6.019,21
Unabhängige Variablen:				
Bruttoeinkommen	61.804,42	39.972,28	68.496,49	37.070,28
Personenzahl im Haushalt	3,1484	1,4472	3,1154	1,3988
Eltern im Ausland	0,5690	0,4973	0,7179	0,4604
Kind/Partner im Ausland	0,1258	0,3346	0,2222	0,4268
Sonst. Verwandte im Ausland	0,7878	0,4379	0,8974	0,8974
Anteil der Eingewanderten	0,7403	0,3317	0,8263	0,2567
Freunden helfen	0,4197	0,4937	0,4402	0,4975
Ausländischer Schulbesuch	0,7474	0,4347	0,9017	0,2983
Ausbildungsdauer	10,20	2,38	10,41	2,53
Durchschnittsalter	39,35	11,93	40,49	10,54
Durchschnittsalter^2	1.678,75	1.063,05	1.749,93	892,42
Sorgen um Situation der Ausländer	0,4094	0,4920	0,4402	0,4975
Nationalität des Haushalts:				
Gemischt mit Deutschen	0,2329	0,4229	0,2051	0,4047
Gemischt ohne Deutsche	0,0131	0,1140	0,0085	0,0923
Türkisch	0,2798	0,4491	0,2521	0,4352
Ex-Jugoslawisch	0,1718	0,3774	0,3120	0,4643
Griechisch	0,0920	0,2892	0,0983	0,2983
Italienisch	0,1164	0,3209	0,0299	0,1707
Spanisch	0,0423	0,2013	0,0470	0,2121
Andere Nationalität	0,0516	0,2214	0,0470	0,2121
Stichprobenumfang N	1065		234	

Tabelle 4b: Mittelwerte und Standardabweichungen einschließlich der ergänzenden Variablen: Weniger Haushalte

Variable	Gesamte Stichprobe		Nur überweisende Haushalte	
	Mittelwert	Standard-abweichung	Mittelwert	Standard-abweichung
Abhängige Variablen:				
HHBinaer	0,2316	0,4221	---	---
HHSumme	1.175,99	3.584,28	5.211,47	6.002,00
Unabhängige Variablen:				
Bruttoeinkommen	63.528,70	39.972,28	69.887,56	34.096,61
Personenzahl im Haushalt	3,2352	1,4224	3,1158	1,4574
Eltern im Ausland	0,6105	0,4879	0,7316	0,4443
Kind/Partner im Ausland	0,1413	0,3486	0,2263	0,4196
Sonst. Verwandte im Ausland	0,8409	0,4379	0,9263	0,2619
Anteil der Eingewanderten	0,8191	0,3850	0,8432	0,2278
Freunden helfen	0,4192	0,4937	0,4263	0,4958
Ausländischer Schulbesuch	0,8349	0,3715	0,9316	0,2531
Ausbildungsdauer	10,02	2,20	10,22	2,15
Durchschnittsalter	40,19	11,45	41,06	10,55
Durchschnittsalter^2	1.733,73	1.021,56	1.782,53	899,46
Sorgen um Situation der Ausländer	0,4109	0,4923	0,4263	0,4958
Nationalität des Haushalts:				
Gemischt mit Deutschen	0,1877	0,3907	0,1632	0,3705
Gemischt ohne Deutsche	0,0143	0,1186	0,0105	0,1023
Türkisch	0,3219	0,4675	0,2947	0,4571
Ex-Jugoslawisch	0,1710	0,3768	0,3053	0,4617
Griechisch	0,1010	0,3014	0,1105	0,3144
Italienisch	0,1271	0,3333	0,0316	0,1753
Spanisch	0,0463	0,2103	0,0579	0,2342
Andere Nationalität	0,0309	0,1731	0,0263	0,1605
Ergänzende Variablen:				
Besuch in der Heimat	0,9050	0,2934	0,9316	0,2531
Rückkehrwunsch	0,5511	0,4977	0,6316	0,4837
Aufenthaltsdauer des zuletzt Eingewanderten	19,39	9,29	18,34	9,30
Stichprobenumfang N	842		190	

Tabelle 5: ML Schätzung des PROBIT-Modells

Unabhängige Variablen	Basisvariablen		Ergänzende Variablen	
	Koeffizient	P-Wert	Koeffizient	P-Wert
Konstante	-3,0701	0,0000	-3,0909	0,0004
Bruttoeinkommen*10^{-4}	0,0257	0,0470	0,0260	0,0895
Personenzahl im Haushalt	-0,0745	0,0463	-0,1108	0,0115
Eltern im Ausland	0,3235	0,0028	0,3071	0,0132
Kind/Partner im Ausland	0,4255	0,0014	0,3469	0,0198
Sonst. Verwandte im Ausland	0,1104	0,4043	0,1529	0,3722
Anteil der Eingewanderten	0,2318	0,2732	-0,2245	0,5024
Freunden helfen	0,0067	0,9438	-0,0066	0,9498
Ausländischer Schulbesuch	0,5324	0,0003	0,4977	0,0070
Ausbildungsdauer	0,0103	0,6156	0,0116	0,6444
Durchschnittsalter	0,0660	0,0473	0,0723	0,0768
Durchschnittsalter^2	-0,0008	0,0473	-0,0008	0,1038
Sorgen um Situation der Ausländer	0,1209	0,2110	0,0518	0,6336
Nationalität:				
Gemischt ohne Deutsche	-0,4961	0,2807	-0,2021	0,6826
Türkisch	-0,1962	0,2315	0,0717	0,7400
Ex-Jugoslawisch	0,3896	0,0149	0,6146	0,0038
Griechisch	-0,0696	0,7085	0,1265	0,5922
Italienisch	-0,9561	0,0000	-0,7386	0,0083
Spanisch	0,0417	0,8690	0,3143	0,3030
Andere Nationalität	-0,0732	0,8690	-0,2425	0,4950
Ergänzende Variablen:				
Besuch in der Heimat	---	---	0,2848	0,1358
Rückkehrwunsch	---	---	0,1117	0,3072
Aufenthaltsdauer des zuletzt Eingewanderten	---	---	-0,0145	0,0755
Stichprobenumfang N	1065		842	
Log Likelihood	-492,10		-398,40	
McFadden R^2	0,1341		0,1257	
Prozent richtige Schätzung (konstante Schätzung)	78,50 (77,46)		78,15 (76,84)	

Tabelle 6a:ML Schätzung des zensierten TOBIT-Modells

Unabhängige Variablen	Basisvariablen		Ergänzende Variablen	
	Koeffizient	P-Wert	Koeffizient	P-Wert
Konstante	-27558,2	0,0000	-27124,0	0,0003
Bruttoeinkommen*10^{-4}	381,1	0,0003	373,9	0,0036
Personenzahl im Haushalt	-888,0	0,0048	-1175,0	0,0015
Eltern im Ausland	2644,4	0,0036	2350,0	0,0248
Kind/Partner im Ausland	5689,1	0,0000	4717,5	0,0001
Sonst. Verwandte im Ausland	820,1	0,4692	1498,3	0,3131
Anteil der Eingewanderten	3429,2	0,0611	-274,9	0,9224
Freunden helfen	98,7	0,8995	-67,5	0,9388
Ausländischer Schulbesuch	4236,6	0,0010	4227,0	0,0084
Ausbildungsdauer	130,5	0,4399	118,6	0,5748
Durchschnittsalter	543,1	0,0573	585,6	0,0926
Durchschnittsalter^2	-6,38	0,0559	-6,09	0,1227
Sorgen um Situation der Ausländer	766,3	0,3401	69,8	0,9391
Skalierung σ	8707,7	0,0000	8817,0	0,0000
Nationalität:				
Gemischt ohne Deutsche	-2331,8	0,5249	-49,0	0,9902
Türkisch	-2073,0	0,1350	-104,4	0,9547
Ex-Jugoslawisch	2117,0	0,1110	3727,5	0,0375
Griechisch	217,7	0,8869	1743,9	0,3762
Italienisch	-6920,6	0,0004	-5585,8	0,0181
Spanisch	519,4	0,8006	3346,4	0,1842
Andere Nationalität	-2472,1	0,2445	-3891,7	0,2068
Ergänzende Variablen:				
Besuch in der Heimat	---	---	2088,0	0,1993
Rückkehrwunsch	---	---	948,7	0,3037
Aufenthaltsdauer des zuletzt Eingewanderten	---	---	-145,2	0,0347
Stichprobenumfang N	1065		842	
Log Likelihood	-2724,688		-2215,166	
Adjusted R^2	0,1445		0,1165	

Tabelle 6b: ML Schätzung des zensierten TOBIT-Modells, Aufenthaltsdauer in Intervallen

Unabhängige Variablen	Ergänzende Variablen	
	Koeffizient	p-Wert
Konstante	-30078,85	0,0001
Bruttoeinkommen*10^{-4}	376,11	0,0035
Personenzahl im Haushalt	-1164,62	0,0018
Eltern im Ausland	2412,90	0,0218
Kind/Partner im Ausland	4911,98	0,0000
Sonst. Verwandte im Ausland	1703,93	0,2522
Anteil der Eingewanderten	623,26	0,8250
Freunden helfen	-5,43	0,9951
Ausländischer Schulbesuch	4260,32	0,0080
Ausbildungsdauer	111,16	0,6035
Durchschnittsalter	554,56	0,1173
Durchschnittsalter^2	-6,06	0,1341
Sorgen um Situation der Ausländer	78,48	0,9318
Nationalität des Haushalts:		
Gemischt ohne Deutsche	-265,93	0,9473
Türkisch	-431,99	0,8153
Ex-Jugoslawisch	3461,86	0,0586
Griechisch	1187,54	0,5448
Italienisch	-5896,57	0,0125
Spanisch	2800,64	0,2673
Andere Nationalität	-4241,00	0,1737
Ergänzende Variablen:		
Besuch in der Heimat	2215,98	0,1743
Rückkehrwunsch	990,72	0,2833
Dummy-Variablen zur Aufenthaltsdauer:		
0 bis 2 Jahre	715,47	0,8191
3 bis 10 Jahre	2183,29	0,1504
11 bis 15 Jahre	-501,83	0,8009
16 bis 20 Jahre	845,09	0,5773
über 25 Jahre	-602,38	0,6354
Stichprobenumfang N	842	
Log Likelihood	-2215,58	
Adjusted R^2	0,1121	

Tabelle 7a: ML Schätzung des abgeschnittenen TOBIT-Modells, Einbeziehung der Basisvariablen

Unabhängige Variablen	'Truncated Sample'	
	Koeffizient	P-Wert
Konstante	-78984,63	0,0853
Bruttoeinkommen$*10^{-4}$	1940,36	0,0016
Personenzahl im Haushalt	-5483,33	0,0284
Eltern im Ausland	838,14	0,8594
Kind/Partner im Ausland	24567,17	0,0015
Sonst. Verwandte im Ausland	-5541,63	0,4197
Anteil der Eingewanderten	18877,53	0,1246
Freunden helfen	501,95	0,8994
Ausländischer Schulbesuch	-2451,83	0,7861
Ausbildungsdauer	607,53	0,4793
Durchschnittsalter	2219,88	0,2535
Durchschnittsalter^2	-28,88	0,2154
Sorgen um Situation der Ausländer	-312,69	0,9428
Skalierung σ	11114,33	0,0000
Nationalität:		
Gemischt ohne Deutsche	15472,43	0,2582
Türkisch	-4011,27	0,6061
Ex-Jugoslawisch	-3546,54	0,5971
Griechisch	14866,66	0,0606
Italienisch	6171,94	0,5015
Spanisch	10548,31	0,2445
Andere Nationalität	-21754,76	0,1694
Ergänzende Variablen:		
Besuch in der Heimat	---	---
Rückkehrwunsch	---	---
Aufenthaltsdauer des zuletzt Eingewanderten	---	---
Stichprobenumfang N	234	
Log Likelihood	-2189,382	
Adjusted R^2	0,6204	

Tabelle 7b: OLS Schätzung für *HHSumme*>0, Einschluss der Variable ‚Ausländischer Schulbesuch'

Unabhängige Variablen	OLS	
	Koeffizient	**P-Wert**
Konstante	-3591,54	0,5607
Bruttoeinkommen*10^{-4}	470,46	0,0000
Personenzahl im Haushalt	-714,49	0,0169
Eltern im Ausland	269,29	0,7493
Kind/Partner im Ausland	5152,40	0,0000
Sonst. Verwandte im Ausland	-1262,75	0,2760
Anteil der Eingewanderten	3338,12	0,0739
Freunden helfen	28,80	0,9675
Ausländischer Schulbesuch	*-174,41*	*0,8974*
Ausbildungsdauer	144,74	0,3161
Durchschnittsalter	186,87	0,5410
Durchschnittsalter^2	-2,37	0,5197
Sorgen um Situation der Ausländer	-282,40	0,7036
Nationalität:		
Gemischt ohne Deutsche	3761,10	0,3251
Türkisch	-470,39	0,7123
Ex-Jugoslawisch	-532,70	0,6492
Griechisch	3162,56	0,0219
Italienisch	1806,70	0,4118
Spanisch	2361,05	0,2035
Andere Nationalität	-2754,63	0,1627
Ergänzende Variablen:		
Besuch in der Heimat	---	---
Rückkehrwunsch	---	---
Aufenthaltsdauer des zuletzt Eingewanderten	---	---
Stichprobenumfang N	234	
Log Likelihood	-2320,684	
Adjusted R^2	0,2732	
F-Statistik (p-Wert der F-Statistik)	5,6087 (0,0000)	

Tabelle 8a: OLS Schätzung für *HHSumme*>0, Einbeziehung der Basisvariablen

Unabhängige Variablen	OLS		OLS mit invertiertem Mills-Verhältnis	
	Koeffizient	P-Wert	Koeffizient	P-Wert
Konstante	-3551,1	0,5637	-5507,7	0,7407
Bruttoeinkommen*10^{-4}	472,1	0,0000	479,1	0,0000
Personenzahl im Haushalt	-719,2	0,0152	-740,0	0,0293
Eltern im Ausland	265,9	0,7518	372,2	0,7544
Kind/Partner im Ausland	5140,6	0,0000	5295,3	0,0005
Sonst. Verwandte im Ausland	-1276,0	0,2680	-1237,7	0,2996
Anteil der Eingewanderten	3251,6	0,0615	3397,8	0,1042
Freunden helfen	26,1	0,9704	35,8	0,9598
Ausbildungsdauer	141,8	0,3188	148,0	0,3260
Durchschnittsalter	183,4	0,5460	208,9	0,5671
Durchschnittsalter^2	-2,32	0,5245	-2,62	0,5459
Sorgen um Situation der Ausländer	-280,4	0,7050	-244,3	0,7586
Invertiertes Mills-Verhältnis	---	---	*1792,9*	*0,8993*
Nationalität:				
Gemischt ohne Deutsche	3745,3	0,3258	3593,9	0,3693
Türkisch	-480,9	0,7050	-532,3	0,6904
Ex-Jugoslawisch	-538,7	0,6445	-392,2	0,8116
Griechisch	3143,6	0,0216	3142,1	0,0220
Italienisch	1786,7	0,4148	1538,7	0,6010
Spanisch	2339,6	0,2047	2348,0	0,2044
Andere Nationalität	-2742,2	0,1631	-2774,2	0,1627
Stichprobenumfang N	234		234	
Log Likelihood	-2320,693		-2320,684	
Adjusted R^2	0,2765		0,2732	
F-Statistik (p-Wert der F-Statistik)	5,9466 (0,0000)		5,6087 (0,0000)	

Tabelle 8b: OLS Schätzung für *HHSumme*>0,
Einbeziehung der ergänzenden Variablen

Unabhängige Variablen	OLS		OLS mit invertiertem Mills-Verhältnis	
	Koeffizient	**P-Wert**	**Koeffizient**	**P-Wert**
Konstante	-4732,5	0,5353	-14341,9	0,5241
Bruttoeinkommen*10^{-4}	455,7	0,0006	498,1	0,0023
Personenzahl im Haushalt	-639,7	0,0617	-810,6	0,1120
Eltern im Ausland	260,9	0,7920	709,2	0,6124
Kind/Partner im Ausland	4727,9	0,0000	5348,8	0,0023
Sonst. Verwandte im Ausland	-881,1	0,5789	-742,7	0,6466
Anteil der Eingewanderten	2524,2	0,3295	2347,7	0,3708
Freunden helfen	53,5	0,9473	81,9	0,9199
Ausbildungsdauer	192,1	0,3222	235,8	0,2893
Durchschnittsalter	202,0	0,5705	340,5	0,4685
Durchschnittsalter^2	-1,99	0,6300	-3,48	0,5103
Sorgen um Situation der Ausländer	-624,4	0,4773	-557,6	0,5323
Invertiertes Mills-Verhältnis	---	---	*8717,5*	*0,6499*
Nationalität:				
Gemischt ohne Deutsche	3927,6	0,3310	3701,6	0,3643
Türkisch	-98,1	0,9540	140,7	0,9371
Ex-Jugoslawisch	-250,8	0,8742	868,0	0,7671
Griechisch	3635,1	0,0447	3988,8	0,0436
Italienisch	1046,0	0,6787	226,2	0,9420
Spanisch	3139.1	0,1820	3805,1	0,1706
Andere Nationalität	-4236,9	0,1470	-4508,0	0,1316
Ergänzende Variablen:				
Besuch in der Heimat	396,4	0,8057	852,2	0,6541
Rückkehrwunsch	202,0	0,8183	392,7	0,6875
Aufenthaltsdauer des zuletzt Eingewanderten	-66,7	0,3286	-88,1	0,2893
Stichprobenumfang N	190		190	
Log Likelihood	-1886,587		-1886,469	
Adjusted R^2	0,2256		0,2220	
F-Statistik (p-Wert der F-Statistik)	3,6223 (0,0000)		3,4508 (0,0000)	

Literaturverzeichnis

Agrawal, R. und A. W. Horowitz (2002). Are International Remittances Altruism or Insurance? Evidence from Guyana Using Multiple-Migrant Households. *World Development* **30**: 2033-44.

Amemiya, T. (1984). Tobit Models: A Survey. *Journal of Econometrics* **24:** 3-61.

Banerjee, B. (1984). The Probability, Size, and Uses of Remittances from Urban to Rural Areas in India. *Journal of Development Economics* **16:** 293-311.

Becker, G. S. (1962). Investment in Human Capital: A Theoretical Analysis. *Journal of Political Economy* **70** (5): 9-49

Becker, G. S. (1974). A Theory of Social Interactions. *Journal of Political Economy* **82** (6): 1063-93.

Bernheim, B. D., A. Schleifer und L. H. Summers (1985). The Strategic Bequest Motive. *Journal of Political Economy* **93:** 1045-76.

Bhattacharyya, B. (1985). The Role of Family Decision in Internal Migration. *Journal of Development Economics* **18:** 51-66.

Brown, R. P. C. (1997). Estimating Remittance Functions for Pacific Island Migrants. *World Development* **25** (4): 613-26.

Clark, K. und S. Drinkwater (2001). *An Investigation of Household Remittance Behaviour.* The School of Economics Discussion Paper Series 0114, Economics, The University of Manchester.

Cohen, R. (1996). *Theories of Migration.* Cheltenham: Elgar.

Cox, D. (1987). Motives for Private Income Transfers. *Journal of Political Economy* **95** (3): 508-46.

Dasgupta, P. (1993). *An Inquiry into Well-Being and Destitution.* Oxford: Claderon Press.

Davidson, R. und J. G. MacKinnon (1993). *Estimation and Inference in Econometrics.* New York: Oxford University Press.

Deutsche Bundesbank (1974). Ausländische Arbeitnehmer in Deutschland: Ihr Geldtransfer in die Heimatländer und ihre Ersparnisse in der Bundesrepublik. *Monatsberichte* **26** (4): 22-29.

Docquier, F. und H. Rapoport (2000). Strategic and Altruistic Remittances. In: L. A. Gérérad-Varet and S. Kolm (Hrsg.). *The Economics of Reciprocity, Gift-giving and Altruism.* London: MacMillan.

Edgeworth, F. Y. (1881). *Mathematical Physics: An Essay on the Application of Mathematics to the Moral Sciences.* London. Neudruck New York: Kelley, 1967.

Faini, R. (1994). Workers Remittances and the Real Exchange Rate: A Quantitative Framework. *Journal of Population Economics* **7**: 235-45.

Funkhouser, E. (1995). Remittances from International Migration: A Comparison on El Salvador and Nicaragua. *The Review of Economics and Statistics* **77**: 137-46.

Glytsos, N. P. (1997) Remiting Behaviour of "Temporary" and "Permanent" Migrants: The Case of Greeks in Germany and Australia. *Labour* **11**(3): 409-35.

Greene, W. H. (2000*). Econometric Analysis*. 4. Auflage. New York: Prentice Hall.

Haisken-DeNew, J. P. und J. R. Frick (2000) (Hrsg.). *DTC – Desktop Companion to the German Socio-Econmic Panel Study (GSOEP)*. Version 4.0. Berlin: DIW. Aus dem Internet am 16.12.2001: http://www.diw.de/deutsch/sop/service/dtc/index.html

Harris, J. R. und M. P. Todaro (1970). Migration, Unemployment and Development: A Two Sector Analysis. *American Economic Review* **60**: 126-42.

Hassan, Z. E., M. Zeller und H. Meliczek (2001). Determinants of Remittances and the Impact of Public Transfers: Evidence from Rural Botswana. Aus dem Internet am 24.02.2002: http://www.wye.ac.uk/AgEcon/ADU/eaaeannc/hassan.pdf

Heckman, J. J. (1976). The Common Structure of Statistical Models of Truncation, Sample Selection and Limited Dependent Variables and a Simple Estimator for Such Models. *Annals of Economic and Social Measurement* **5**: 475-92.

Heckman, J. J. (1979). Sample Selection Bias as a Specification Error. *Econometrica* **47**: 153-61.

Hoddinott, J. (1992). Modelling Remittance Flows in Kenya. *Journal of African Economics* **1** (2): 206-32.

Hoddinott, J. (1994). A Model of Migration and Remittances applied to Western Kenya. *Oxford Economic Papers* **46**: 459-476.

Ilahi, N. und S. Jafarey (1999). Guestworker Migration, Remittances and the Extended Family: Evidence from Pakistan. *Journal of Development Economics* **58**: 485-512.

IMF (1977). International Monetary Fund. *Balance of Payments Manual*. 4. Auflage. Washington, D.C.: IMF.

IMF (2001). International Monetary Fund. Balance of Payments Statistics Yearbook 2001. Washington, D.C.: IMF.

Johnson, G. und W. Whitelaw (1974). Urban-Rural Income Transfers in Kenya: An Estimated Remittance Function. *Economic Development and Cultural Change* **22**: 473-9.

Knowles, J. und R. Anker (1981). An Analysis of Income Transfers in a Developing Country. *Journal of Development Economics* **8**: 205-26.

Lee, L. F. (1983). Generalized Econometric Models with Selectivity. *Econometrica* **51** (2): 507-12.

Lin, T. F. und P. Schmidt (1984). A Test for the Tobit Specification Against an Alternative Suggested by Cragg. *Review of Economics and Statistics* **66**: 174-7.

Liu, Q. und B. Reilly (1999). *The Private Income Transfers of Chinese Rural Migrants: Some Empirical Evidence from Jinan*. Discussion Paper in Economics DP57, University of Sussex.

Lucas, R. E. B. und O. Stark (1985). Motivations to Remit: Evidence from Botswana. *Journal of Political Economy* **93**: 901-18.

Lucas, R. E. B. und O. Stark (1988). Migration, Remittances, and the Family. *Economic Development and Cultural Change* **36**: 465-82.

Maddala, G. S. (1986). *Limited-Dependent and Qualitative Variables in Econometrics*. Cambridge: Cambridge University Press.

Maddala, G. S. (1992). *Introduction to Econometrics*. 2. Auflage. Englewood Cliffs, NJ: Prentice Hall.

Mahler, S. J. (2000). *Migration and Transnational Issues: Recent Trends and Prospects for 2020*. Institut für Iberoamerika-Kunde, Working Paper No.4, Hamburg.

Massey, D. S., J. Arango, G. Hugo, A. Kouaouli, A. Pellegrino and J. E. Taylor (1993). Theories of International Migration: A Review and Appraisal. *Population and Development Review* **19** (3): 431-66.

McDonald, J. und R. Moffitt (1980). The Uses of Tobit Analysis. *Review of Economic and Statistics* **62**: 318-21.

Merkle, L. und K. F. Zimmermann (1992). Savings, Remittances, and Return Migration. *Economics Letters* **38**: 77-81.

Poirine, B. (1997). A Theory of Remittances as an Implicit Family Loan Arrangement. *World Development* **25** (4): 589-611.

Ravenstein, E. G. (1889). The Laws of Migration (second paper). *Journal of the Royal Statistical Society* **52**: 241-305.

Rempel, H. und R. Lobdell (1978). The Role of Urban-to-Rural Remittances in Rural Development. *Journal of Development Studies* **14**: 324-41.

Ronning, G. (1991). *Mikroökonometrie*. Berlin, Heidelberg: Springer.

Russell, S. S. (1986). Remittances from International Migration: A Review in Perspective. *World Development* **14** (6): 677-96.

Simati, A. M. und J. Gibson (2001). Do Remittances Decay? Evidence from Truvaluan Migrants in New Zealand. *Pacific Economic Bulletin* **16** (1): 55-63.

Sinn, H. W., G. Flaig, M. Werding, S. Munz, N. Düll, H. Hofmann, A. Hänlein, J. Kruse, H.-J. Reinhard und B. Schulte (2001). EU-Erweiterung und Arbeitskräftemigration. Wege zu einer schrittweisen Annäherung der Arbeitsmärkte. *Ifo Beiträge zur Wirtschaftsforschung* **2**, München.

Stark, O. (1991a). *The Migration of Labor*. London: Blackwell.

Stark, O. (1991b). Migration in Entwicklungsländern: Risiko, Überweisungen und die Familie. *Finanzierung und Entwicklung* **28** (4): 39-41.

Stark, O. (1995). *Altruism and Beyond. An Economic Analysis of Transfers and Exchanges within Families and Groups.* Cambridge: Cambridge University Press.

Stark, O. und D. E. Bloom (1985). The New Economics of Labor Migration. *American Economic Review,* Papers and Proceedings. 173-8.

Stark, O.und D. Levhari (1982). On Migration and Risk in LDCs. *Economic Development and Cultural Change* **31:** 191-6.

Stark, O., J. E. Taylor und S. Yitzhaki (1986). Remittances and Inequality. *The Economic Journal* **96:** 722-40.

Straubhaar, T. (1983). *Arbeitskräftewanderung und Zahlungsbilanz: Eine empirische Untersuchung am Beispiel der Rücküberweisungen nach Griechenland, Portugal, Spanien und der Türkei.* Bern: Haupt.

Straubhaar, T. (1985). Der Zahlungsbilanzeffekt der Devisentransfers ausgewanderter Arbeitskräfte für ihre Herkunftsländer. *Jahrbuch für Nationalökonomie und Statistik* **200:** 280-97.

Straubhaar, T. (1986). The Determinants of Workers' Remittances: The Case of Turkey. *Weltwirtschaftliches Archiv* **122:** 728-40.

Swamy, G. (1981). International Migrant Workers' Remittances: Issues and Prospects. *World Bank Staff Working Paper* No. 481. Washington,D.C.: The World Bank.

Werner, H. (2001). From Guest Workers to Permanent Stayers? – From the German "Guestworker" Programmes of the Sixties to the Current "Green Card" Initiative for IT Specialists. *IAB Labour Market Research Topics* **43,** Nürnberg.

Yusuf, S. (2001). Globalization and the Challenge for Developing Countries. *World Bank Development Research Group Working Paper,* June 2001.